高科技产业技术并购的
创新效应与盈余持续性研究

杨　青　著

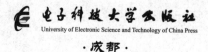

电子科技大学出版社
University of Electronic Science and Technology of China Press
·成都·

图书在版编目（CIP）数据

高科技产业技术并购的创新效应与盈余持续性研究 /
杨青著. — 成都：电子科技大学出版社, 2022.7
ISBN 978-7-5647-9751-5

Ⅰ.①高… Ⅱ.①杨… Ⅲ.①高技术产业–企业兼并
–研究 Ⅳ.①F276.44

中国版本图书馆CIP数据核字（2022）第112787号

高科技产业技术并购的创新效应与盈余持续性研究
杨　青　著

策划编辑　李述娜　杜　倩
责任编辑　杨梦婷

出版发行　电子科技大学出版社
　　　　　成都市一环路东一段159号电子信息产业大厦九楼　邮编　610051
主　　页　www.uestcp.com.cn
服务电话　028-83203399
邮购电话　028-83201495

印　　刷　石家庄汇展印刷有限公司
成品尺寸　170mm×240mm
印　　张　12.25
字　　数　260千字
版　　次　2022年7月第1版
印　　次　2022年7月第1次印刷
书　　号　ISBN 978-7-5647-9751-5
定　　价　78.00元

在国家创新战略和构建新发展格局的大背景下，促进产业技术创新，尤其是促进以战略性新兴产业为主的高科技产业的技术创新，是实现国家创新驱动发展战略的核心要素，是实现国家高质量发展目标的重要途径。技术创新是企业可持续发展的源动力，企业拥有的技术与知识资产是企业参与国内外竞争最为关键的资源之一。根据竞争优势理论和技术创新理论，国家（企业）通过技术创新能够提升其竞争优势，从而推动国家经济和企业价值的持续增长，因而，技术创新往往被摆在企业发展，尤其是高科技企业发展的首要位置。但由于企业自身的创新与研发活动往往不能快速且完全满足企业的发展需求，因此，技术并购作为一种重要的外部技术创新方式，在近几年的并购实践中发展相当迅猛，且其主要集中在高科技产业和战略性新兴产业中。

企业进行技术并购，不仅是为了获取外部技术资源，更重要的是为了提升自身的研发能力和持续的创新能力，从而使企业具有持续的核心竞争力，提升企业的内在价值，实现企业在资本市场财富的增长。但现有文献仅仅关注技术并购对创新绩效的影响，鲜有文献研究技术并购对盈余持续性的影响，尤其是对技术创新在技术并购与盈余持续性关系中所发挥的中介效应的研究相对欠缺。忽略了技术创新可能发挥技术并购对盈余持续性影响机制的中介效应，以及能将技术并购的创新绩效进一步转化为企业持续的内在盈利能力，表现为收购公司进行技术并购后具有更显著的盈余持续性特征；同时，通过信号传递、有效市场和盈余价值相关性的作用，通过技术并购收购公司能够获取资本市场的长短期财富效应。

基于技术创新和技术并购的现实与实践背景、技术并购对企业内在价值和资本市场价值的重要影响，以及我国学者对技术并购与盈余持续性关系的理论研究相对薄弱的现状，本书系统地分析和构建了"技术并购—创新效应（技术创新绩效）—盈余持续性—资本市场反应"的技术并购理论逻辑传导机制框架。

首先，本书研究了技术并购的创新效应，揭示了技术并购异质性及不同情景下的创新效应的差异及作用机理。其次，基于技术创新的中介效应视角，研究了技术并购对盈余持续性的影响，揭示了技术并购通过技术创新绩效路径对盈余持续性的影响机制及作用机理。最后，拓展研究了技术并购的长短期资本市场反应，揭示了技术并购的异质性对长短期资本市场反应的影响差异及作用机理，验证了技术并购对盈余价值相关性的影响。

我们认为，技术并购的目的是通过获取技术资源来不断提升自身的创新能力，从而提升企业的内在价值和资本市场价值。这为上市公司是否进行技术并购、如何选择技术并购类型，以及技术并购后如何快速提升自身创新能力以实现企业价值增长等一系列技术并购决策提供了理论指导，有助于提高上市公司并购管理决策的有效性；有助于投资者全面了解技术并购与企业创新、技术并购与企业价值、资本市场价值的关系，为其进行有效投资决策提供有价值的参考建议；为政府相关部门政策制定者出台相应的创新激励、税收优惠等产业政策提供指导，引导战略新兴产业、高新技术产业通过技术并购实现技术转型升级，不断提升自主创新能力，真正实现以创新驱动的内涵型增长模式，保持产业健康、持续发展。

本书力求逻辑严密，结构合理，内容丰富。本书由华东交通大学经济管理学院杨青撰写，但鉴于笔者水平有限，书中难免出现错误和疏漏之处，恳请广大读者予以批评指正，以便今后进一步修正和完善。

编　者

于华东交通大学

2022 年 1 月

第1章 引 言

1.1 研究背景与研究问题

我国在"十二五"规划（2011）首次提及创新驱动，提出企业要转型升级，提高产业核心竞争力，就必须进行技术创新，且要重点培育和发展战略性新兴产业，其中，信息技术被确定为重点扶持和推进对象。《国家创新驱动发展战略纲要》明确提出，必须大力借助于创新促进战略性新兴产业的发展。之后党的十九大（2017）及十九届五中全会（2020）均提出，我国要加快建设创新型国家，推动创新再上新台阶。可见，在国家创新战略和构建新发展格局的大背景下，需要不断打造创新驱动型的内涵式增长模式。促进产业技术创新，尤其是战略性新兴产业的技术创新是实现创新增长模式转型的重要途径。

由此可见，在"十三五"期间实施全面创新驱动发展战略及"十四五"期间实施高质量发展理念和构建新发展格局的大背景下，高科技企业拥有的技术与知识资产成为其参与国内外竞争最为关键的资源，技术创新往往被摆在高科技企业的首要位置。技术创新是企业可持续发展的源动力，企业通过技术创新可以获得持续的竞争优势，从而提升企业内在价值和实现资本市场上财富的增长。可见，企业技术创新能力的高低，直接关系到企业竞争力的强弱和企业价值的大小，关系到其能否在激烈的市场竞争中赢得优势，甚至赶超国际先进技术水平，实现我国企业在国际竞争中的跨越式发展。因此，技术创新对于我国企业自身的可持续发展及我国转型时期国家创新驱动发展战略及高质量发展目标的实现具有十分重要的现实意义。

然而，企业自身的研发活动不能快速且完全满足企业的发展需求，企业更倾向于从外部快速获取知识与技术以提升自身创新能力。因此，技术并购作为一种重要的外部技术创新方式，近年来受到企业的密切关注。在近些年来的兼并重组的热潮中，上市公司在并购目标的选择方面十分注重基于增强技术创新能力的并购，以弥补技术缺陷，提高产品科技含量，强化科研开发能力。波士顿咨询公司（BCG）发布的2017年企业并购报告《技术并购引领全球潮流》显示，以技术并购为目的的交易额在 2016 年达到了 7000 多亿美元，占全球并购总额的近 30%。图 1-1 展示了 2009—2016 年全球技术并购年交易金额。

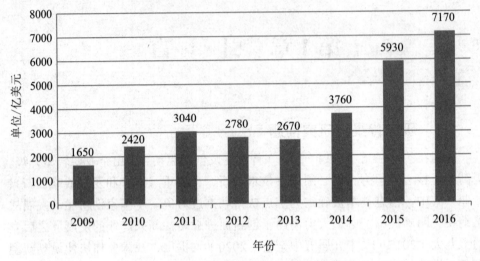

图 1-1　全球技术并购年交易金额趋势图

　　BCG 的调查报告指出，在 2016 年，有 10 个十分重要的技术并购专注在云安全和数据中心这些技术领域。如著名的 Oracle（甲骨文）公司通过收购云应用公司 NetSuite 取得了该公司的云 ERP（企业资源计划）、云 CRM（客户关系管理）和电子商务应用。Dell（戴尔）公司花费 650 万美元收购 EMC 公司，通过这次收购，Dell 公司的市场将从传统强项消费级 PC、服务器和中小企业数据中心扩大到全球最大型的数据中心。BCG 的调查还显示，过去三年技术并购交易的数量翻了一番。从中国的海外并购情况来看，中国在 2016 年掀起了海外收购热潮，交易值接近 2000 亿美元，比 2015 年公布的交易值增加了一倍多。其中，标的公司近 20% 是技术公司。2016 年，中科创达软件股份有限公司（以下简称"中科创达"）收购位于芬兰的车载交互技术公司 Rightware，2018 年，中科创达再次收购保加利亚全球领先的移动和工业图形图像视觉技术公司 MM Solutions（MMS）。汉能移动能源控股集团有限公司（以下简称"汉能"）对四家全球领先薄膜太阳能公司——德国的 Solibro、美国的 MiaSolé、GSE 和 Alta Devices 精准并购，拥有了新能源行业中发展前景较好的薄膜太阳能方向的核心技术。汉能通过在薄膜太阳能技术领域持续吸收转化，在柔性铜铟镓硒电池、砷化镓电池、高端装备、薄膜太阳能应用等领域不断取得突破。可见，全球技术并购（以技术为目的的并购）近年来有明显上升的趋势，且主要集中在以信息技术产业为首的高科技产业和战略性新兴产业中，技术并购在近几年的并购实践中发展十分迅猛。

　　然而，我国目前对技术并购的理论研究相比并购实践的发展及欧美发达国家的技术并购理论研究还存在一定的差距，更鲜有研究技术并购与盈余持续性关系的文献。国外学者 Williamson 早在 1975 年就提出了技术并购的概念。随后的三十多年间其他国外学者围绕技术并购话题展开了较为深入的研究，取得一系列丰硕的研究成果。一方面，形成了诸多对技术并购概念的界定；另一方面，对技术并购与创新绩效关系的研究也较为深入。而我国学者刘开勇（2004）较早开始系统地研究技术并购，在其《企业技术并购战略与管理》一书中对技术并购的定义做了详细的阐述。其后，国内学者对技术并购的相关研究成果甚少。直至国家"十二五"规划出台（2011 年后），才开始有一些技术并购与创新绩效关系的研究成果出现，但相比国外学者的同类研究仍然滞后。且现有研究都仅仅关注在技术并购与创新绩效的直接关系上，忽略了技术创新作为技术并购与盈余持续性的中介效应，能将技术创新绩效进一步转化为企业持续的内在盈利能力，从而表现为收购公司采取技术并购后具有较强的盈余持续性的特征。

　　从盈余持续性的理论研究成果看，早期研究认为影响企业盈余持续性的因素主要集中在企业微观视角，如盈余结构、会计政策选择、公司规模和公司杠杆等对企业盈余持续性的影响。近年来，学者们从多角度拓宽了盈余持续性的影响因素研究范围，尝试研究公司多元化、机构投资者、内部控制质量、研发、高管能力、大股东代理成本、董事会职能、社会资本和企业竞争战略对盈余持续性的影响。可见，这些学者多从企业的公司治理的微观视角、企业战略和行业发展的中观视角来研究影响盈余持续性的因素。其中，有研究结果表明，研发会对盈余持续性产生影响，最新的多篇文献研究了企业战略与盈余持续性的关系。笔者认为，企业技术并购决策属于企业战略的范畴，且技术并购会影响企业的创新绩效和研发水平，因此，笔者认为，技术并购会影响盈余持续性，且这种影响是通过技术创新发挥中介传导作用实现的。

　　从现有研究并购公告短期资本市场反应的文献看，大多数研究是基于信号传递理论，从短期视角采用事件研究法 CAR 模型来测算并购事件的窗口期的累计超额回报率。多数文献研究结果显示，凡是向资本市场投资者传递的是正面消息或说是"好消息"，能够获得资本市场投资者的价值认同，就能够带来显著的正向短期资本市场反应。随着我国资本市场的不断完善和成熟，我国学者也开始尝试采用以长期视角的事件研究法 BHAR 模型（购买并一直持有至考察期结束的超额回报率模型）来测度并购事件长窗口期的买入及持有超常收益率情况。那么，企业进行技术并购这一重大决策行为，是否会引起短期和长期的资本市场积极反应呢？笔者认为，技术并购公告会给投资者带来收购公司创新能力提升的良好预期和信号传递，是属于"好消息"的范畴，能给收购公司带来积极短期的资本市场反应。同时，由于技术并购的创新效应存在时间上的滞后性，因此企业的创新价值会随着时间的推移逐渐释放，这反映在企业的盈余持续性的不断提升上；而由于盈余价值相关性的作用，价值效应的时间滞后性也逐渐被市场投资者所接受和认同，给企业带来长期的资本市场反应和价值效应。国内外也有不少文献研究企业创新（创新能力、创新信息披露、创新投入等）与长期资本市场反应的关系。大多数文献研究发现，企业创新能力的提升、创新信息的披露或是创新投入的增加都能带来显著正面的长期资本市场反应。因此，笔者认为技术并购不仅是个"好消息"，会给收购公司带来显著的短期资本市场反应，同时，随着技术并购后收购公司创新价值的逐渐释放，也会对收购公司的长期资本市场反应产生显著积极的影响。

通过文献回顾发现，现有文献仅仅关注技术并购对创新绩效的影响，鲜有文献研究技术并购对盈余的持续性影响，尤其是针对技术创新在技术并购与盈余持续性关系中所发挥中介效应的研究相对欠缺。忽略了技术创新可能发挥技术并购对盈余持续性影响机制的中介效应，以及能将技术并购的创新绩效进一步转化为企业持续的内在盈利能力，从而表现为收购公司技术并购后具有更强的盈余持续性特征；同时，通过信号传递、有效市场和盈余价值相关性的作用，采取技术并购的收购公司还能够获取资本市场的长短期财富效应。

基于这一思路，笔者的研究不仅仅停留在对技术并购与创新绩效关系的研究，而是再进一步往前进行延伸研究，以技术创新的中介效应为视角，研究技术并购与企业盈余持续性的关系，并进一步拓展研究技术并购的短期和长期资本反应，研究技术并购从长期来看是否会增强盈余价值相关性，从而给企业带来长期资本市场的财富效应，实现企业内在价值（盈余持续性的增强）和资本市场价值的同步提升。这将延伸和丰富现有技术并购、盈余持续性和并购公告资本市场反应的理论研究成果。

综上所述，基于技术创新和技术并购的重要现实与实践背景、技术并购对企业内在价值和资本市场价值的重要影响，以及我国学者对技术并购与盈余持续性关系的理论研究相对薄弱的现状，本书拟以技术并购为主要研究对象，系统构建"技术并购—创新效应（技术创新绩效）—盈余持续性—资本市场反应"这一技术并购的理论逻辑传导机制框架，力求深入、系统地考察以下研究内容。

①技术并购的创新效应如何？从不同技术并购类型（技术进入型并购和技术巩固型并购、国内技术并购和跨境技术并购）揭示创新效应的异质性，并进一步区分产权性质、高管激励、股权集中度和创新知识基础进行拓展检验，以揭示不同情景下技术并购创新效应的差异及作用机理。②技术并购对收购公司的盈余持续性影响如何？技术并购是否会通过技术创新进一步提升收购公司的盈余持续性？进一步区分产权性质、高管激励和股权集中度进行拓展检验，以揭示不同公司治理层面下技术创新中介效应的差异及作用机理。③进一步拓展研究：技术并购的长短期资本市场反应；分析师跟踪对放大技术并购的长短期资本市场反应的影响；技术并购与增强企业盈余价值的相关性。进一步从不同技术并购类型（技术进入型并购和技术巩固型并购、国内技术并购和跨境技术并购）揭示不同技术并购类型对长短期资本市场反应的影响差异及作用机理。

本书的研究问题框架如图 1-2 所示。

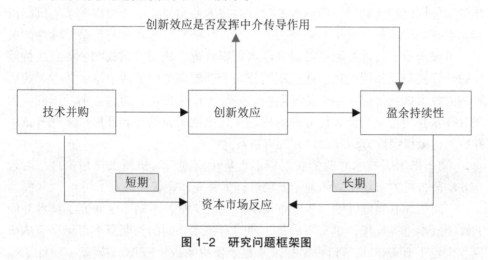

图 1-2　研究问题框架图

1.2　研究意义

1.2.1　理论意义

（1）系统分析和构建了"技术并购—创新效应（技术创新绩效）—盈余持续性—资本市场反应"技术并购的理论逻辑传导机制框架，为后续的实证检验奠定了理论和逻辑基础。

根据技术并购、盈余持续性的文献梳理，以及相关理论，笔者认为，企业通过技术并购能够产生直接的创新效应，使得企业具备独有而持续的竞争优势，这种竞争优势继而转化为企业内在的盈余持续性。技术并购事件的宣告由于信号传递的作用且在有效市场的条件下，加上投资者对技术并购带来的创新预期，创新预期作用下对收购公司盈余持续性的向好预期，以及由于技术并购的创新效应存在时间上的滞后性，使得企业的创新价值会随着时间的推移逐渐释放，进而引起技术并购收购公司短期和长期的资本市场反应。基于这一理论分析和逻辑推理，笔者系统地构建了"技术并购—创新效应（技术创新绩效）—盈余持续性—资本市场反应"技术并购的理论逻辑传导机制框架，为后续的实证检验奠定了理论和逻辑基础。

（2）基于技术创新的中介视角，研究技术并购对盈余持续性的影响机理，为现有技术并购与盈余持续性方面的理论研究提供了新的经验证据，是现有相关理论成果的有益补充。

在现有的盈余持续性的研究文献中，大部分是关注如何衡量盈余持续性、盈余持续性的影响因素（包括会计政策的选择、多元化及内部控制质量等）及其带来怎样的经济后果，而鲜有专门针对技术并购与盈余持续性关系的机制研究。本书以技术创新的中介效应为研究视角，研究技术并购与盈余持续性的关系，不仅揭示了技术并购通过提升技术创新效应，从而增强收购公司盈余持续性的传导机制及作用机理，还从不同公司治理层面检验了两个维度并考虑滞后影响的技术创新效应的中介传导路径的差异及作用机理。通过本书的研究，为现有技术并购与盈余持续性方面的理论研究提供了新的经验证据，是现有技术并购和盈余持续性方面理论研究的有益补充。

（3）揭示了技术并购的长期资本市场反应的传导机制及作用机理，对现有并购公告资本市场反应的理论成果进行了补充和完善。

不同于现有研究并购公告资本市场反应的文献，本书不仅研究了技术并购的短期资本市场反应，更重要的是，通过对技术并购的长期资本市场反应的研究，构建了 BHAR 长窗口模型和未来盈余反应系数（FERC）模型，验证了技术并购对盈余价值相关性的影响，厘清了技术并购的长期资本市场反应的传导机制，丰富了现有的研究方法，这将延伸和拓展并购公告资本市场反应的理论研究。

1.2.2　实践意义

1. 为高科技产业上市公司进行技术并购提供指导

本书对高科技产业上市公司技术并购的创新效应，技术并购对收购上市公司盈余持续性的影响，以及技术并购的长短期资本市场反应进行全面深入的大样本实证研究，与此同时，还细化研究不同技术并购类型所产生的系列经济后果。通过构建和分析"技术并购—创新效应—盈余持续性—资本市场反应"传导机制的框架，试图找到技术并购所带来的一系列经济后果的实证证据，以帮助高科技上市公司管理层做出合理判断（其是否应该进行技术并购，或是选择哪种类型的技术并购对企业是有利的，企业技术并购后如何快速提升其创新能力和盈余持续性），同时能为获取资本市场长短期财富效应等一系列技术并购决策行为提供理论指导和参考，以提高其技术并购决策的有效性。

2. 为资本市场投资者进行有效价值投资决策提供指导

通过本书的研究，资本市场的投资者可以全面了解技术并购、技术创新与企业内在价值（表现为较强的盈余持续性）、技术并购与资本市场价值的关系，这将有助于投资者知晓企业技术并购后其创新能力的持续性和转化能力，理性研判财务业绩的预期变化及企业未来的发展前景，为其进行有效价值投资决策，提供理论指导和参考建议。

3. 为政府相关部门政策制定者出台相应的创新激励政策提供指导

本书可以帮助政府相关部门出台相应的产业创新激励政策、创新人才引进政策和税收优惠政策，以及引导战略新兴产业、高新技术产业通过技术并购促进其技术快速转型升级，不断提升自主研发能力，辅助其真正形成以创新驱动的内涵型增长模式，保持产业健康、持续发展。

1.3　核心概念界定

1.3.1　技术并购

1975 年，经济学家 Williamson 首次提出了技术并购的概念。Puranam 等（2003）认为，技术并购主要是大公司获取中小型科技公司的技术研发能力，因而又称"技术与小企业收购"。国内学者刘开勇（2004）在其专著中对技术并购给出了具体的定义，并对其进行了详细的研究。他指出，技术并购是企业将自身的技术需求作为导向，以技术获取作为目标，是有实力的大企业作为并购主体对具有某种独特的技术能力的中小企业实施并购的行为。孙忠娟（2012）指出，技术并购是一种提高自身创新能力的战略行为，目的是为了获得标的企业的新技术资源，取得产品的市场竞争优势。

综合以上国内外有关技术并购的概念，笔者认为，技术并购（TMA）是企业获取外部技术的一种重要途径或方式，是为了提升自身技术创新能力而实施的一种并购行为，而不仅仅限于大企业对中小企业的技术并购。本书借鉴 Ahuja 和 Katila（2001）、温成玉和刘志新（2011）界定技术并购的说法，用两个标准去判断某一并购事件是否属于技术并购：一是从收购公司的并购公告去手工搜索上市公司的并购动机,只要并购目的中涵盖获取技术、专利、新产品、技术人才等知识资产,就都认定此并购事件为技术并购;二是所并购的目标公司在前5年内拥有专利技术,也可认定为此并购事件为技术并购。这两个判断标准达到其中任何一个,即可认定为技术并购。进一步按技术并购的动机不同,可以划分为两种技术并购类型:技术进入型、技术巩固型。技术进入型是指企业进入一个完全与自身产业不相关的技术型产业领域。这种技术并购方式能够打破行业壁垒,顺利进入一个全新的技术产业领域,使企业步入更快速的发展行列中。技术巩固型通常是指并购一家在同类产品生产的核心技术上取得突破的产业链上的企业,收购企业可以通过并购这家取得技术突破的企业以实现自身的技术升级,保持自身产品竞争优势,缓解来自竞争对手的压力。除此之外,按技术并购的目标公司所在地区不同,还可分为国内技术并购和跨境技术并购。

1.3.2 创新效应

我国早期研究技术并购绩效的文献大多是从财务绩效的研究视角去看待技术并购绩效,如胥朝阳(2009)、王宛秋(2009)、胥朝阳和李倩(2011)、孙忠娟和谢伟(2012)都是采用财务的盈利指标来衡量技术并购绩效。也有文献是从并购的资本市场反应视角来衡量并购绩效,如杨超和谢志华(2018)、张新民等(2020)、佟岩等(2021)都是基于事件研究法的累计超额回报率CAR来测度并购事件对资本市场的短期反应。

但这些衡量方法不够直接,基于财务绩效视角和资本市场反应视角的技术并购绩效衡量方法,链条过长,难以界定企业财务绩效和资本市场反应就是技术并购的直接影响结果。基于此,国内有些文献开始用直接的技术创新绩效对技术并购绩效的研究转向进行衡量。这种方法通常从创新产出的角度去衡量技术并购创新绩效,如采用专利申请数量、专利拥有数量和新产品销售收入等R&D(研究与发展)产出指标。如温成玉和刘志新(2011)以发明专利数作为R&D产出指标衡量技术并购创新绩效,杨军敏和曹志广(2012)以并购前后专利增量数量衡量企业创新绩效,胡雪峰和吴晓明(2015)则从R&D产出和强度两方面来衡量企业的创新绩效,屈晶(2019)以并购发生当年、并购后一年与并购后两年获得专利总数的对数作为创新绩效的代理变量等,王宛秋和马红君(2020)以并购后三年的专利申请数的平均值较并购前一年的专利申请数的增长率来衡量技术创新绩效。

综上,本书的技术创新效应基于技术并购对企业技术创新的直接影响效果,也称之为"技术创新绩效",它不同于以往文献的财务绩效视角的并购绩效和资本市场反应视角的并购绩效。这两个视角下的并购绩效是技术并购的创新效应的间接反映，而不能直接反映技术并购对企业创新能力的影响效果。本书借鉴胡雪峰和吴晓明（2015）对技术并购创新绩效的衡量方法，从两个维度去衡量技术创新效应：一是创新产出效应；二是创新促进效应。创新产出效应主要是反映技术并购给技术并购公司带来的直接创新产出经济效应，借鉴 He 和 Tian（2013）、杨鸣京和程小可（2018）的做法，主要用技术并购后收购公司的企业专利申请数来衡量。创新促进效应主要是反映技术并购对技术并购后公司提升自身研发能力的促进作用，借鉴韩忠雪等（2014）、尹美群等（2018）的做法，主要用技术并购研发投入强度来衡量。在稳健性检验中，还进一步采用创新效率 IE 指标来衡量技术并购的创新效应。

1.3.3　盈余持续性

盈余持续性是高质量盈余的一个非常重要的属性和特征，它是公司未来盈利能力和企业价值增长的重要衡量标志，是投资者及其他利益相关者进行相关决策的重要依据。

盈余持续性研究始于 20 世纪 70 年代，Ball（1972）开启了对盈余持续性的研究。此后不同的学者对盈余持续性展开了大量的研究，对其概念产成了不同的理解和界定。通过对国内外盈余持续性相关文献的梳理，发现对盈余持续性概念的界定主要有以下三类研究。

第一，是从盈余时间序列特征的角度界定盈余持续性。主要研究者有：Ball（1972）、Kormendi 和 LIPP（1987、1990）、Anctil 和 Chamberlain（2005）等。

第二，是从当期盈余对未来盈余预测能力的角度来界定盈余持续性，采用一阶自回归模型估算盈余持续性。如 Demerjian 等（2013）、Chen 和 Shane（2014）、Hui（2016）等。我国的相关研究也广泛利用线性一阶自回归模型估计盈余持续性，如周兵等（2018）、徐高彦和王晶（2020）、胡楠（2020）等。

第三，是利用财务报表数据度量盈余持续性的大小。如 Lev 和 Thiagarajan（1993）、王志台（2000）等。

纵观国内外学者对盈余持续性的三类不同角度的概念界定和计量方法，本书认为，采用线性一阶自回归模型来估计盈余及其组成部分的持续性，将盈余的自回归系数作为盈余持续性的衡量标准将更直接和客观。该回归系数的值越大，越接近于 1，公司的盈余持续性就越高。这种方法是目前国内外盈余持续性理论研究的通行做法。在线性一阶自回归模型中，盈余是指会计盈余，通常用净利润或营业利润来表示。考虑到非经常性损益可能对盈余造成的影响，因此，本书采用营业利润来作为一阶自回归模型中的盈余。在后续稳健性检验中，本书还提出了盈余增长持续性的概念，采用盈余增长率来表示，即 Δ 营业利润 / 上期营业利润。

1.3.4　并购公告的资本市场反应

根据有效市场假说（EMH）和信号传递理论（signaling theory），笔者认为，企业进行技术并购是企业的一项重大决策行为，上市公司披露的并购公告属于公司内部的重要决策信息。该信息一旦披露，必然会引起资本市场投资者的关注，从而引起股票价格波动，即并购公告市场反应。

对于并购公告的短期资本市场反应，从现有文献来看，大多数是基于事件研究法视角下的累计超额回报率 CAR 值来衡量并购公告的短期资本市场反应，也可以称之为"短期并购绩效"。如蔡宁（2019）、傅祥斐等（2020）、张新民等（2020）都是采用事件研究法 CAR 来测度短窗口期内股价对并购事件的短期市场反应。

而对于并购公告的长期资本市场反应，文献大多采用 BHAR 模型（购买并一直持有至考察期结束的超额回报率模型）来测度长窗口期内资本市场对并购事件的反应，也可以称之为"长期并购绩效"。如杨超和谢志华（2018）、佟岩等（2021）都是采用事件研究法 BHAR 模型来测度长窗口期内股价对并购事件的长期市场反应。

综上，本书研究技术并购的短期资本市场反应是基于事件研究法下的累计超额回报率 CAR 来衡量。CAR 的计算公式如下：

$$CAR_{i,t} = \sum_{t=m}^{n} (R_{i,t} - R_{mi,t}) \tag{1-1}$$

CAR 为市场调整法计算而得的样本股票累计超额收益，其中，$R_{i,t}$ 代表当日公司股票回报率，$R_{mi,t}$ 代表当日平均市场收益率。本书采用 [-1，+1] 时间窗口计算 CAR，在稳定性检验中，以 [-2，+2] 为时间窗口计算 CAR。对于技术并购的长期资本市场反应也是基于事件研究法下的长窗口期的 BHAR 模型来衡量，BHAR 为当年该股票经市场流通加权收益调整后的买入并一直持有至考察期结束的超额收益率。BHAR 的计算公式如下：

$$BHAR_{it} = \prod_{0}^{t} (1 + R_{i,\,t}) - \prod_{0}^{t} (1 + R_{mi,\,t}) \tag{1-2}$$

其中，$R_{i,t}$ 代表 t 月时公司股票回报率；$R_{mi,t}$ 代表 t 月时平均市场股票回报率。本书采用计算并购后 1 年的 BHAR1 和并购后 2 年的 BHAR2 来反映技术并购后长期资本市场反应及其趋势。

1.3.5 高科技产业

本书的高科技产业涵盖了战略性新兴产业（2012）七大类、高技术产业（制造业 2017）六大类和高技术产业（服务业 2018）九大类这三大范畴。

在具体选择高科技产业上市公司样本时，同时比照中国证监会 2012 年颁布的《上市公司行业分类指引》的行业划分，具体选择 I、C25、C26、C27、C35、C36、C37、C38、C39、C40、N77、M 四个大类十二个小类作为高科技产业上市公司全部样本。高科技产业上市公司样本选择对照表具体见表 1-1 所列。

表 1-1 高科技产业上市公司样本选择对照表

所选择的样本行业	战略性新兴产业分类名称（2012）七大类	高技术产业（制造业）（2017）六大类	高技术产业（服务业）（2018）九大类	中国证监会 2012 年颁布的《上市公司行业分类指引》的行业划分标准
I	新一代信息技术		信息服务、电子商务服务	I 信息传输、软件和信息技术服务业
C35 C37 C38 C39 C40	高端装备制造产业	航空、航天器及设备制造、电子及通信设备制造、计算机及办公设备制造、医疗仪器及仪器仪表制造		C35 专用设备制造业
				C37 铁路、船舶、航空航天和其他运输设备制造业
				C38 电气机械和器材制造业
				C39 计算机、通信和其他电子设备制造业
				C40 仪器仪表制造业
C26	新材料产业	信息化学品制造		C26 化学原料和化学制品制造业
C27	生物医药产业	医药制造		C27 医药制造业

所选择的样本行业	战略性新兴产业分类名称（2012）七大类	高技术产业（制造业）（2017）六大类	高技术产业（服务业）（2018）九大类	中国证监会2012年颁布的《上市公司行业分类指引》的行业划分标准
N77	节能环保产业		环境监测及治理服务	N77 生态保护和环境治理业
C25	新能源产业			C25 石油加工、炼焦和核燃料加工业
C36	新能源汽车			C36 汽车制造业
M			检验检测服务、专业技术服务业的高技术服务、研发与设计服务、科技成果转化服务、知识产权及相关法律服务和其他高技术服务	M 科学研究和技术服务业

1.4　研究方法与创新

1.4.1　研究方法

本书主要采用规范研究和实证研究相结合的研究方法，对技术并购如何通过技术创新绩效的中介传导作用去影响收购公司盈余持续性，以及如何进一步引起长短期资本市场反应展开深入的逻辑机理分析与实证研究。

1. 规范研究法

通过对技术并购与并购绩效方面、盈余持续性方面和并购公告资本市场反应方面的文献梳理，基于竞争优势理论、创新理论、吸收能力理论、信号传递理论和有效市场假说理论，笔者系统分析和构建了"技术并购—创新效应（技术创新绩效）—盈余持续性—资本市场反应"技术并购的理论逻辑传导机制框架，为后续的实证检验奠定了理论和逻辑基础。

根据技术并购与创新绩效、盈余持续性的关系研究以及竞争优势理论、创新理论和吸收能力理论，笔者认为，企业通过技术并购能够产生直接的创新效应，使得企业具备独特而持续的竞争优势，这种竞争优势继而转化为企业内在的盈余持续性。由于信号传递的作用，在有效市场的条件下，技术并购事件的宣告会使投资者对技术并购带来创新预期，在创新预期作用下对收购公司盈余持续性产业向好预期，同时由于技术并购的创新效应存在时间上的滞后性，因此，企业的创新价值会随着时间的推移逐渐释放，进而引起收购公司短期和长期的资本市场反应。

2. 实证研究法

本书的实证研究法主要是分为六大方法。第一，OLS 多元回归法。构建 OLS 固定效应模型，以检验技术并购是否带来了创新效应。首先，将创新效应（IP）划分为创新产出效应（IOP）和创新促进效应（IPP）两个维度来衡量，且采用当期和并购后 1 年的专利申请数和研发投入强度来衡量创新效应；其次，在此基础上进一步考虑不同类型技术并购对两维度创新效应的影响差异；最后，区分产权性质、高管激励、股权集中度和创新知识基础，并进行拓展性检验，以揭示不同情景下创新效应的差异。

第二，线性一阶 AR 自回归模型和调节中介效应四步回归法。基于线性一阶 AR 自回归实证检验模型，按照有调节的中介效应的四步回归方法，构建了四个中介效应实证模型，以检验技术并购对盈余持续性的影响，以及技术并购是否通过技术创新绩效的中介作用来影响收购公司的盈余持续性，并进一步区分产权性质、高管激励和股权集中度，进行拓展性检验，以揭示不同公司治理层面技术创新中介效应的传导路径的差异。

第三，PSM 倾向得分匹配法。在技术并购的创新效应研究中，采用了 PSM 模型进行内生性检验，避免由于样本选择偏差带来的内生性问题，以验证 OLS 回归结论的稳健性。在技术并购对盈余持续性的影响研究——基于技术创新中介效应的检验中，也采用 PSM 模型进行内生性检验，避免由于样本选择偏差带来的内生性问题，以验证有调节的中介效应 OLS 四步法回归结论的稳健性。

第四，Heckman 二阶段模型。在技术并购的创新效应研究中，采用 Heckman 二阶段模型进行内生性检验，避免由于样本选择偏差带来的内生性问题，以验证 OLS 回归结论的稳健性。在技术并购对盈余持续性的影响——基于技术创新中介效应的检验中，也采用了 Heckman 二阶段模型进行内生性检验，避免由于样本选择偏差带来的内生性问题，以验证中介效应模型回归结论的稳健性。

第五，事件研究法。在拓展研究中，采用事件研究法的市场调整模型来计算技术并购后收购公司的累计超额回报 CAR，以检验短窗口下技术并购的短期资本市场反应，进一步检验不同类型技术并购短期资本市场反应的差异。同时，采用事件研究法的长窗口 BHAR 模型来检验技术并购所产生的长期资本市场反应，也进一步检验不同类型技术并购对长期资本市场反应的差异。

第六，未来盈余反应系数 FERC 模型。对于技术并购的长期资本市场反应，还构建了未来盈余反应系数（FERC）模型来做稳健性检验，并验证技术并购对盈余价值相关性的影响，以揭示技术并购长期资本市场反应的传导机制。

1.4.2 研究创新

（1）基于技术创新的中介效应视角，研究技术并购对盈余持续性的影响，揭示了技术并购通过技术创新绩效路径对盈余持续性的影响机制及作用机理，对现有技术并购、创新绩效和盈余持续性的理论研究进行了有益的补充与完善。

现有文献仅仅关注技术并购对创新绩效的影响，鲜少涉猎技术并购对盈余持续性的影响，尤其是针对技术创新在技术并购与盈余持续性关系中所发挥中介效应的研究相对欠缺。因而，本书不同于现有研究技术并购与创新绩效的文献，而是进一步拓展延伸，以技术创新的中介效应为视角，同时考察收购公司成长潜力对中介作用的调节效应，研究技术并购与收购公司盈余持续性的关系，揭示技术并购通过技术创新绩效路径对盈余持续性的影响机制及作用机理，获取两者关系的实证证据。这将延伸和拓展现有技术并购、技术创新绩效和盈余持续性的理论研究。

（2）从创新产出和创新促进两个维度来界定技术并购的创新效应，深入研究了技术并购带来的不同维度影响并考虑滞后影响的创新效应的差异及作用机理；同时，考察了技术并购异质性对创新效应的影响，进一步揭示了不同情景下技术并购的创新效应的差异。

尽管已有文献对技术并购的创新效应进行了一定研究，但往往没有区分创新产出和创新促进两个维度并考虑技术创新效应的滞后效果，缺乏细化研究技术并购带来的不同维度影响并考虑滞后影响的创新效应的差异、技术并购异质性对创新效应的影响，以及不同情景下技术并购创新效应的差异。因而，本书全面细化分析和检验了技术并购的两维度影响及滞后影响的创新效应的差异及作用机理，同时考察了技术并购异质性（技术巩固型并购和技术进入型并购、国内技术并购和跨境技术并购）对创新效应的影响，还分析了不同情景下技术并购的创新效应的差异，这拓展了现有技术并购与创新绩效方面的研究。

（3）揭示了不同维度并考虑滞后影响的技术创新效应影响盈余持续性的中介传导路径的差异及作用机理；同时，区分不同公司治理层面考察技术创新效应影响盈余持续性的中介传导路径的差异及作用机理。

现有文献鲜有以不同维度及滞后效果的技术创新效应作为中介变量，细化研究技术并购影响盈余持续性的中介传导路径的差异及作用机理，也鲜有文献从不同公司治理层面研究技术创新效应影响盈余持续性的中介传导路径的差异及作用机理。因此，本书基于创新产出和创新促进两维度并考虑滞后影响的技术创新效应的中介视角，深入细致地考察不同维度的影响并考虑滞后影响的技术创新效应影响盈余持续性的中介传导作用及其差异，并从不同公司治理角度，对产权性质、高管激励和股权集中度进行分组检验，以揭示不同维度并考虑滞后影响的技术创新中介效应传导路径的差异及作用机理。这拓展了现有的技术并购、创新绩效和盈余持续性三方面的研究，对现有相关研究进行了细化和补充。

（4）揭示了技术并购的异质性对长短期资本市场反应的影响差异及作用机理；同时，验证了技术并购对盈余价值相关性的影响，厘清了技术并购的长期资本市场反应的传导机制及作用机理。

不同于现有研究并购公告资本市场反应的文献，本书细化研究了技术并购异质性对长短期资本市场反应的影响差异，揭示了不同技术并购类型和不同地区技术并购的长短期资本市场反应的差异及作用机理；构建了 BHAR 长窗口模型和未来盈余反应系数 FERC 模型，验证了技术并购对盈余价值相关性的影响，揭示了技术并购的长期资本市场反应的传导机制，丰富了现有的研究方法，这将延伸和拓展并购公告资本市场反应的理论研究。

1.5　研究内容与章节结构

本书研究了技术并购的创新效应、技术并购对收购公司盈余持续性的影响、技术并购影响收购公司盈余持续性的中介传导作用的路径和机理分析，进一步拓展研究技术并购的短期和长期资本市场反应。以下是本书的章节结构及每章内容简介。

第一章，引言。在这章中，主要介绍：选题背景与研究问题、研究意义、核心概念界定、研究方法与创新、研究内容总体框架及章节结构。

第二章，文献回顾。在这章中，主要围绕研究主题，从技术并购与并购绩效、盈余持续性和并购公告资本市场反应三个方面的相关文献进行系统地梳理，发现已有研究不足，为后文实证检验、研究假设的提出提供了理论基础和文献支撑。

第三章，理论分析与实证研究方案。首先，介绍了与研究主题相关的五个重要理论：竞争优势理论、技术创新理论、吸收能力理论、信号传递理论和有效市场理论。其次，进一步根据文献回顾及相关理论基础，进行了研究逻辑推导及传导机理分析，为后文研究假设的提出提供了理论基础和逻辑支撑。最后，在理论逻辑分析的基础上，提出了本书的实证研究内容及总体方案。

第四章，技术并购的创新效应研究。在这章中，实证检验技术并购是否会给收购公司带来技术创新效应（创新产出效应和创新促进效应），以及收购公司成长潜力水平是否会对技术并购的创新效应产生调节作用进行实证研究，并进一步进行技术并购的异质性检验，从两维度区分不同类型技术并购以检验其技术创新效应的差异。在稳健性检验中，采取两种稳健检验手段：一是替换技术创新效应的代理变量；二是分别采用 PSM 模型和 Heckman 二阶段模型进行的内生性检验，以验证 OLS 回归结论的稳健性。最后，根据产权性质、高管激励、股权集中度和创新知识基础进行样本分组的拓展性检验。

第五章，技术并购对盈余持续性的影响研究——基于技术创新中介效应的检验。在这章中，重点研究技术并购对收购公司盈余持续性的影响，并检验前者对后者的影响是否通过技术创新绩效发挥中介效应，且其中介效应是否受到收购公司成长潜力的调节影响。在稳健性检验中，采取两种检验手段。一是替换代理变量。创新性地采用"盈余增长持续性"指标作为盈余持续性的另一替代变量，采用"技术创新产出增量绩效 IOPG 和技术创新促进增量绩效 IPPG"指标作为两维技术创新绩效的替代变量。二是分别采用 PSM 模型和 Heckman 二阶段模型进行内生性检验，以验证中介效应模型回归结论的稳健性。同时，根据产权性质、高管激励和股权集中度进行样本分组的拓展性检验。

第六章，技术并购的短期与长期资本市场反应拓展研究。在这章中，进一步拓展研究技术并购所带来的长短期资本市场反应，并检验分析师跟踪对技术并购长短期资本市场反应的调节作用。采用事件研究法的短窗口 CAR 模型和长窗口 BHAR 模型来考察技术并购所产生的长短期资本市场反应，进一步拓展检验不同类型技术并购所产生的长短期资本市场反应的差异。在稳健性检验中，更换事件窗口期来检验技术并购的短期资本市场反应；构建未来盈余反应系数（FERC）模型来检验技术并购的长期资本市场反应，并验证技术并购对盈余价值相关性的影响。

第七章，研究结论与对策建议。在这章中，在前几章研究分析的基础上，得出了本书的研究结论，并根据研究结论提出了一些有益的建议与对策。

本书的总体研究内容框架及技术路线图如图1-3所示。

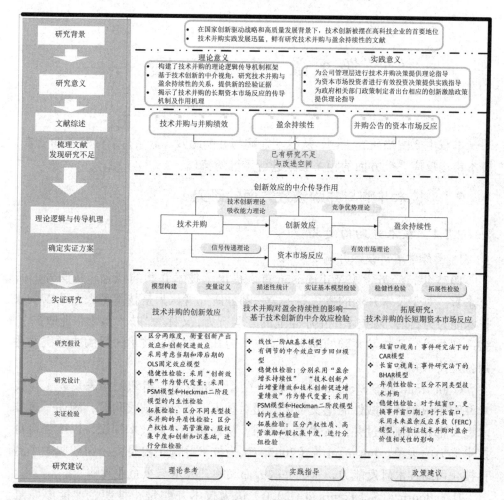

图1-3 研究内容与技术路线框架图

第2章 文献回顾

本章主要围绕研究主题，从技术并购与并购绩效、盈余持续性和并购公告、资本市场反应三个方面的相关文献进行系统的梳理。

2.1 技术并购与并购绩效方面的研究

2.1.1 技术并购的定义

1. 国外学者对技术并购的定义

1975 年，经济学家 Williamson 首次提出了技术并购的概念。从国外的研究来看，对于技术并购的概念界定，一部分研究者认为是技术型大企业以获取技术能力为目的，对技术型中小企业的并购行为，又称为"技术与小企业收购"。另一部分研究从技术并购的动机出发，认为凡是以获取技术为目的或动机的并购就是技术并购。

Granstrand 和 S.Sjolander（1990）在《经济行为与组织》杂志发表了在技术并购领域颇具权威性的论文《大公司对技术及小公司的收购》，阐述了多技术型大企业如何通过并购技术型小公司，从而获得外部技术知识，以增强自身技术能力的现象。Puranam 等（2003）认为技术并购主要是大公司获取中小型科技公司的技术研发能力，这类并购因而又称"技术与小企业收购"。

Hagedoorn 和 Schakenraad（2000）认为技术并购是一种使企业能够跟进最先进技术发展的有效途径，是企业技术创新的重要战略。技术并购被视为一种有目的、有选择地获取企业未拥有或是未掌握的有价值的技术和知识的途径，而这些外部技术知识的获取和应用能够为收购企业带来未来的经济利益的流入。

当前与技术并购概念较相近的有：以创新为目的的并购、创新收购、基于知识和技术的并购等。

2. 国内学者对技术并购的定义

国内学者中，较早系统地研究技术并购的刘开勇（2004）在《企业技术并购战略与管理》一书中对技术并购的定义进行了详细的阐述。他指出，技术并购是企业从自身的技术需求出发，主要以技术获取作为目标，由有实力的大企业对具有某种独特技术能力的中小企业实施并购的行为。并购的目的是为了获得新技术，进入新领域，或实现技术巩固。邓培林（2006）将技术并购定义为实力雄厚的大企业，可能为了加强自身创新能力基础，或可能为了技术多元化，也可能是出于进入新产业的动机去并购那些拥有独特技术的中小企业的经济行为。孙忠娟（2012）指出，技术并购是一种提高自身创新能力的战略行为，目的是为了获得标的企业的新技术资源，取得产品市场竞争优势。

2.1.2 并购绩效的衡量方法

并购绩效的衡量方法，从现有文献来看，根据研究视角的不同，主要分为三大类。第一类是从财务绩效的视角去衡量并购绩效，大多选择一些财务盈利性指标，如净资产收益率、总资产收益率、主营业务利润率、销售净利率或是运用多个财务指标进行因子分析综合打分，或通过主成分分析合成综合指标等来反映并购前后绩效的变化，以此来衡量并购绩效的大小。第二类是从并购的资本市场反应的视角去衡量并购绩效，通常做法是采用事件研究法计算事件窗口期的累计超额回报率 CAR 值，以此来衡量短期并购绩效，也有文献采用事件研究法长窗口的 BHAR 模型来衡量长期并购绩效。第三类是从技术创新的视角去衡量并购绩效，也称并购创新绩效。通常从创新产出的角度去衡量技术并购创新绩效，如采用专利申请数量、专利拥有数量和新产品销售收入等 R&D 产出指标。

1. 从财务绩效视角衡量并购绩效

从早期研究并购绩效的文献来看，人们大多从财务绩效的研究视角去看待并购绩效，主要是通过选择一个财务指标，或是选择若干个盈利性财务指标进行因子分子分析或主成分分析，之后再进行合成，或是选择企业成长性指标来衡量并购绩效。如冯根福和吴林江（2001）选择主营业收入、资产净利率等几个财务指标，采用因子分析法进行综合评价来衡量并购绩效；张新（2003）选择每股收益、净资产收益率和主营业务利润率三个指标来衡量并购绩效；李善民等（2004）选择盈利能力、经营发展能力等五个方面的 16 个指标进行主成成分分析合成综合指标来衡量并购绩效；胥朝阳（2009）、王宛秋（2009）选取净资产收益率来衡量并购绩效；胥朝阳和李倩（2011）选取主营业务利润率来衡量并购绩效；孙忠娟和谢伟（2012）以净利润和经营收入且用两者的相对规模来衡量并购绩效；王艳和阚铄（2014）选择用总资产收益率指标计算并购前后的差值来衡量企业长期并购绩效；何健生和陈海声（2013）采用企业成长性指标 Tobin Q 来衡量并购绩效；赵息和张西栓（2013）采用托宾 Q 值、每股收益和经营活动现金流量净额来衡量并购绩效；王艳和李善民（2017）选择收购公司并购前后 1 至 3 年的净资产收益率的变化值来衡量并购的长期财务绩效；高扬（2020）以并购前后两年的总资产收益率的变动值来衡量并购经营绩效；周中胜等（2020）分别计算了并购公告日后第 1 年、第 2 年和第 3 年的总资产收益率的变动值来衡量企业并购的长期绩效。

2. 从并购的资本市场反应视角衡量并购绩效

还有众多文献是从并购的短期资本市场反应，从事件研究法的视角来衡量并购事件给收购公司股价带来的短期变动，即并购公告带来的短期财富效应，通常采用事件窗口期的累计超额（非正常）回报率 CAR，来衡量短期并购绩效。如李善民和陈玉罡（2002）采用 [-10, 30] 作为并购事件的时间窗口来计算累计超额收益率 CAR，以此来衡量并购的短期财富效应；潘红波等（2008）计算了收购公司并购宣告日前后 10 个交易日的日超额收益率，并以 [-1, 1]、[0, 1] 和 [-1, 4] 这三个时间窗口计算 CAR 进行检验收购公司的短期并购绩效；唐建新和陈冬（2010）计算了并购首次公告日前后 6 个交易日窗口期的累计超额收益率 CAR[-1, 0]、[0, 1]、[-1, 1]、[-1, 3]、[-3, 1]、[-2, 2]、[-3, 3]、[-4, 4]、[-5, 5]、[-6, 6] 共 10 个窗口期检验收购公司的短期并购绩效；陈仕华等（2013）选择并购公告宣告日之后四个交易日，即将 [0, 4] 作为时间窗口计算累计超额收益率 CAR；王艳和阚铄（2014）以并购首次宣告日前后 [-1, 1]、[-2, 1] 和 [-2, 2] 作为事件窗口期计算累计超额收益率 CAR，以衡量短期并购绩效；姚益龙等（2014）选择并购公告宣告日前后 2 个交易日，即将 [-2, 2] 作为时间窗口计算累计超额收益率 CAR；王艳和李善民（2017）采用 [-1, 1]、[-2, 2] 和 [-5, 5] 三个短期窗口计算 CAR，来衡量短期并购绩效；杨超和谢志华（2018）采用并购公告前后 1 个交易日、3 个交易日和 5 个交易日即以 [-1, 1]、[-3, 3] 和 [-5, 5] 等三个窗口期计算 CAR，来衡量短期并购绩效；蔡宁（2019）采用并购公告前后 3 个交易日，即以 [-3, 3] 为时间窗口期计算 CAR，来衡量短期并购绩效。

也有文献从并购的长期资本市场反应视角去衡量企业长期并购绩效，同样是基于事件研究法，文献大多采用 BHAR 模型（购买并一直持有至考察期结束的长期超常回报率模型）来测度长期并购绩效。例如，Loughran 和 Vijh（1997）采用长期超常收益 BHAR 模型研究收购公司并购后 5 年的超常收益情况；Gregory（1997）采用 BHAR 模型研究了不同并购类型的并购后 2 年的平均累计超常收益的差异；李善民和朱滔（2005）首次将国外规范的基于资本反应的并购长期绩效度量方法 BHAR 应用于中国上市公司并购长期绩效的考量，考察了收购公司并购后第 1 年至第 3 年的长期并购绩效；陈仕华等（2013）采用 BHAR 模型计算了并购后公司持有 24 个月的超常收益率，来衡量收购公司的长期并购绩效；张学勇（2017）选择了并购公告日后 36 个月的买入并持有超常收益率 BAHR 来衡量长期并购绩效；王艳和李善民（2017）采用 BHAR 模型分别考察了并购后 12 个月、24 个月和 36 个月的长期并购绩效；杨超和谢志华（2018）采用了并购后 12 个月 BHAR1 和并购后 24 个月的 BHAR2 来衡量长期并购绩效；佟岩等（2021）采用 BHAR 模型计算并购首次公告日后 12 个月、24 个月和 36 个月的长期并购绩效，同时借鉴 Fama 和 French 的三因素模型重新计算 BHAR，以衡量长期并购绩效，做稳健性检验。

3. 从技术创新视角衡量并购创新绩效

我国"十二五"规划出台（2011 年）后，国内有些文献开始对技术并购绩效的研究转向用直接的技术创新绩效衡量。通常从创新产出的角度如采用专利申请数量、专利拥有数量和新产品销售收入等 R&D 产出指标去衡量技术并购创新绩效。如温成玉和刘志新（2011）以发明专利数作为 R&D 产出指标，来衡量技术并购创新绩效；杨军敏和曹志广（2012）以并购前后专利增量数量衡量企业创新绩效；胡雪峰和吴晓明（2015）对创新绩效的衡量则从 R&D 产出和强度两方面来衡量企业的创新绩效；屈晶（2019）以并购发生当年、并购后 1 年与并购后 2 年获得专利总数的对数作为创新绩效的代理变量等；王宛秋和马红君（2020）以并购后 3 年的专利申请数的平均值较并购前 1 年的专利申请数增长率来衡量技术创新绩效；吴洁等（2020）以创新知识收益与创新知识成本的差来衡量并购创新绩效。

表 2-1 对并购绩效衡量方法的文献进行了汇总。

表 2-1 并购绩效衡量方法的文献汇总小结

并购绩效衡量视角	主要代表文献
财务绩效视角	主要选择一个盈利性或成长性财务指标或若干个财务指标进行因子分析或主成分分析合成(冯根福和吴林江，2001；李善民等，2004；王宛秋，2009；胥朝阳和李倩，2011；孙忠娟和谢伟，2012；何健生和陈海声，2013；王艳和阚铄，2014；王艳和李善民，2017；高扬，2020)

并购绩效衡量视角	主要代表文献
资本市场反应视角	事件研究法的短窗口 CAR 模型（李善民和陈玉罡，2002；潘红波等，2008；唐建新和陈冬，2010；陈仕华等，2013；王艳和阚铄2014；姚益龙等，2014；王艳和李善民，2017；杨超和谢志华，2018；蔡宁，2019 等）和长窗口 BHAR 模型（Loughran 和 Vijh，1997；陈仕华等，2013；张学勇，2017；杨超和谢志华，2018；佟岩，2021）
创新绩效视角	大多从创新产出的角度去衡量技术并购创新绩效，如采用专利申请数量、专利拥有数量和新产品销售收入等 R&D 产出指标（温成玉和刘志新，2011；杨军敏和曹志广，2012；胡雪峰和吴晓明，2015；屈晶，2019；吴洁等，2020；王宛秋和马红君，2020）

2.1.3 技术并购与创新绩效

国外学者 Williamson 早在 1975 年就提出了技术并购的概念。随后的三十多年间，其他国外学者围绕技术并购话题展开了大量的研究，取得一系列丰硕的研究成果。一方面，形成了诸多对技术并购概念的界定；另一方面，对技术并购与创新绩效关系的研究也较为深入。而我国对于技术并购的创新绩效的研究，大致始于国家"十二五"规划出台（2011 年）后。"十二五"规划首次提出了创新驱动的理念，提出企业要转型升级，提高产业核心竞争力，就必须进行技术创新。从此，理论界的学者们开始研究技术并购与创新绩效的关系。

通过对国外研究技术并购与创新绩效的相关文献的全面、细致的梳理，我们认为这类文献主要有两类研究：第一类研究主要集中在技术并购对创新绩效的直接影响方面；第二类研究关注的是技术并购促进技术创新绩效的条件。

1. 研究技术并购对创新绩效的直接影响

在第一类研究当中，直接研究并购对创新绩效的影响，但研究结论不尽一致。Hitt、Hoskisson、Hill 等学者的早期研究认为，并购对研发投入和产出均产生负面或不显著的影响。Bertrand 和 Zuniga（2006）从国家宏观层面角度探讨了并购对国家的研发创新活动的直接影响，并且对跨国并购和国内并购的创新差异进行了对比分析。研究结论表明，并购对企业大范围内的创新行为影响不大。Benjamin Schön 等（2009）对并购与企业创新的研究成果进行了梳理，研究整理发现，企业并购对创新绩效有正面影响的有 20%，中性结论的有 80%。

早期大部分文献研究认为,并购促进了企业的创新绩效。学者们更多的是从企业微观的角度去研究并购对企业创新绩效的影响。Higgins 和 Rodriguez (2006)以制药行业的并购事件为研究对象,发现平均来看并购能够使收购企业获得正面的回报,这与收购企业在并购前获取的标的企业的研发信息及双方的谈判地位是紧密相关的;尤其是那些处于成长下滑期或者企业内部效率低下、产品销售不畅的公司,他们更有可能会进行外部并购,以应付其内部研发通道不畅及专利申请的下滑。在这种状况下,对外进行以技术为目的并购行为能够让企业摆脱困局,给企业创新带来积极的影响。杨军敏和曹志广(2012)以 2006—2009 年间医药企业发生的并购事件为研究对象,采用并购前后专利增量数量衡量企业研发绩效的方法来研究技术并购对创新绩效的影响。研究发现,技术并购能够显著提升医药企业的创新绩效,而非技术并购对企业创新绩效的影响是不利的。郑骏川(2012)实证研究了我国上市公司 446 次并购事件。研究发现技术并购带来的研发支出对企业价值有显著的增值效果。技术并购能够将企业的研发投入转化为未来的盈利能力。陈德智(2014)采用多案例的研究方法,研究发现,技术战略对企业创新投入和创新产出都有显著的影响。

2. 研究技术并购促进技术创新绩效的条件

第二类研究中,大部分文献研究技术并购会在什么条件下促进技术创新绩效。多数文献研究表明,当并购双方之间的知识基础和技术有交叉、重叠的时候更有利于创新,相关技术并购相对于非相关技术并购更有利于产生正面创新绩效。并购后的整合过程的顺利进展也会对创新绩效产生正向影响。在少数的研究文献当中,不一致的结论在于并购规模的大小对于创新绩效影响的效应方面。Ahuja 和 Katila(2001)发现大公司要想通过并购促进创新,应该选择小公司作为收购目标。Chakrabarti 等(1994)的研究却表明,大公司收购小公司不利于创新绩效的提高,在收购公司和目标公司规模相当的情况下更有利于创新。Hagedoorn 和 Duysters(2002)也发现,两个规模相当的公司间的并购能够改善创新绩效。总的来说,大多数文献支持技术并购对收购公司的技术创新绩效会产生显著的积极影响,大部分文献主要从技术知识基础、企业吸收能力、并购产生规模效应和技术协同效应、技术相关性和技术差距,以及其他方面等五个角度来展开技术并购的创新绩效研究。

(1)技术知识基础角度。从技术知识基础角度来看,Ahuja 和 Katila(2001)研究了化学企业在 11 年内发生的并购行为,研究发现,并购双方的技术知识基础会对并购创新绩效产生影响。其中,并购方技术知识的绝对规模与企业并购后的创新绩效关系呈显著正相关。Puranam 等(2003)的研究发现,技术并购对于增强企业的持续创新能力具有积极作用。Sevilir 和 Tian（2012）的研究发现，并购对公司未来专利产出水平、单个专利的引用次数及企业后续创新都有着显著的促进作用；同时发现，相对于主并公司，目标公司的技术知识存量越大，越能提升并购后的创新绩效。温成玉和刘志新（2011）的研究发现，技术并购对并购公司的创新绩效产生正面显著影响，而非技术并购并不支持这一结论。张峥和聂思（2016）也是从并购技术知识绝对规模的角度研究发现，技术并购对并购公司的创新绩效影响为正向的。研究认为，通过技术并购，主并方可以获取目标公司的专利权，进而提升创新能力和创新效率。吴洁等（2020）的研究发现，知识深度对并购创新绩效存在显著正向影响。曾洪江等（2021）的研究发现，技术存量对收购企业的创新产出存在显著正向影响。

（2）企业吸收能力角度。从企业吸收能力角度来看，Prabhu 等（2005）及 Desyllasa 和 Hughesb（2010）的研究发现，企业的吸收能力对并购的创新效应存在显著的促进作用。于成永和施建军（2012）的研究认为，在企业技术并购和内部研发同时并存时，由于企业本身具备很强的吸收能力，因此，两者共同作用对企业创新产出是十分有利的。Phillips 和 Zhdanov（2013）的研究认为，企业通过并购吸收最新技术知识和科研成果，能有效提升企业的创新绩效。胡雪峰和吴晓明（2015）的研究发现，企业技术寻求型并购与企业创新绩效呈显著正向关系，企业的技术吸收能力对企业并购的创新效应有正向调节作用。刘辉等（2017）的研究发现，收购公司的知识吸收能力越强，并购的创新效应越高。严焰和池仁勇（2020）的研究发现，企业的吸收能力对技术相似型企业并购的创新绩效有显著的调节作用。

（3）并购规模效应和技术协同效应角度。从并购产生的规模效应和技术协同效应的角度来看，Cassiman 等（2005）认为，由于并购后企业内部资源整合会带来技术的规模和协同效应，从而增加企业创新绩效，因此，对于需要互补技术的公司开展技术并购的目的是掌握新的技术知识，进入从未涉足的技术领域，激励企业增加研发投入和开发新技术，给企业带来规模经济效益和创新绩效。励凌峰和黄培清（2005）指出，企业并购协同效应的主要来源是企业中最重要的无形资产——知识。陈通和王辉（2008）认为，企业并购协同效应的形成取决于并购时外部知识资本和其内部知识基础的相互整合。唐清泉、巫岑（2014）实证验证了内部研发投资和外部技术并购结合能够产生协同效应，从而提升医药企业的创新绩效。

（4）技术相关性和技术差距角度。从技术相关性和技术差距的角度来看，Makri 等（2010）的研究认为，当并购双方技术的相似度较低而技术的互补性较高时，并购会带来创新质量的提高。Cassiman 等（2005）的研究发现，研发的性质、大小、方向由于并购双方之间的相关性的不同而不同。Bena 和 Li（2014）的研究提出，衡量企业创新的标准除了专利数量、质量外，还应该考虑并购双方的技术互补性。其结果表明，并购公司与目标公司专利技术的互补和交叉对双方创新绩效均具有显著的正面影响。胥朝阳（2013）的研究认为，技术并购对并购公司的创值能力产生了积极效应；业务开拓型技术并购的创值能力低于行业巩固型技术并购的创值能力。屈晶（2019）从战略匹配与技术差距的角度，研究了企业技术并购与创新绩效的内在关系。研究发现，技术差距可正向调节替代性技术并购与创新绩效的关系。王宛秋和马红君（2020）的研究发现，处于成长期的收购公司，并购双方技术越邻近，并购的创新绩效就越高。

（5）其他角度。还有从其他多个角度，如从目标公司选择、战略匹配、并购公司主体特征、并购的议价水平、企业所处生命周期、企业成长潜力水平等去检验技术并购对技术创新绩效的影响，研究结论都支持了技术并购对收购公司的技术创新绩效产生显著的促进作用这一观点。Higgins 和 Rodriguez（2006）的研究发现，选择具有战略联盟关系的公司作为目标公司，可以提升并购创新绩效。王宛秋和马红君（2016）基于 2007—2012 年上市公司发生的技术并购事件，从并购成熟度、财务资源和公司治理角度，检验了并购主体特征对创新绩效的影响。研究发现，主并企业的并购成熟度和财务资源对并购后的创新绩效有显著的促进效应。任曙明等（2017）从并购可能性和议价能力两个维度，探讨了并购对企业研发的影响。研究发现，并购可能性越大和并购的议价能力的行业平均水平越高，企业的研发水平越高。杨青和周绍妮（2019）从收购公司成长潜力的视角去研究两者的关系，研究发现，技术并购不仅能够给收购公司直接带来技术创新产出绩效，还能给收购公司带来技术创新促进绩效。

表 2-2 对技术并购与创新绩效的研究文献进行了汇总小结。

表 2-2 技术并购与创新绩效的研究文献汇总

技术并购与创新绩效 研究角度	主要代表文献
技术知识基础角度	企业的技术知识基础对并购创新绩效产生显著影响（Ahuja 和 Katila，2001；Puranam 等，2003；温成玉和刘志新，2011；Sevilir 和 Tian，2012；张峥和聂思，2016；吴洁等，2020；曾洪江和刘晓薇，2021）

技术并购与创新绩效研究角度	主要代表文献
企业吸收能力角度	企业的技术吸收能力对企业并购的创新效应有正向调节作用（Prabhu 等，2005；Desyllasa 和 Hughesb，2010；于成永和施建军，2012；Phillips 和 Zhdanov，2013；胡雪峰和吴晓明，2015；刘辉等，2017；严焰和池仁勇，2020）
并购规模效应和技术协同效应角度	并购后资源整合带来的技术的规模效应和协同效应，会提升企业的创新绩效（Cassiman 等，2005；励凌峰和黄培清，2005；陈通和王辉，2008；唐清泉和巫岑，2014）
技术相关性和技术差距角度	并购双方的技术的相关性与技术差距对并购绩效具有重要的影响（Makri 等，2010；Bena 和 Li，2014；胥朝阳，2013；屈晶，2019；王宛秋和马红君，2020）
其他角度	从战略匹配、并购公司特征、并购的议价水平、企业成长潜力水平等角度研究技术并购对技术创新绩效的影响（Higgins 和 Rodriguez，2006；许岱璇和陈德智，2016；王宛秋和马红君，2016；任曙明等，2017；杨青和周绍妮，2019）

2.2　盈余持续性方面的研究

对于盈余持续性的研究主要围绕盈余持续性的界定及计量方法、盈余持续性的影响因素两个方面展开。

2.2.1　盈余持续性的计量方法

对于如何界定盈余持续性及如何计量盈余持续性，国内外学者展开了一系列的研究。国外学者对盈余持续性的研究始于 20 世纪 70 年代，不同的学者对盈余持续性有着不同的理解和概念界定，并基于此采用了不同的计量模型来衡量盈余持续性。

1. 从盈余时间序列特征的角度界定盈余持续性

早期的研究着眼于从盈余时间序列中估计盈余持续性参数。Ball（1972）

最先开始采用盈余的时间序列特征进行盈余持续性的研究。Kormendi 和 LIPP（1987）、Lev（1989）都认为，盈余持续性是盈余未预期的部分对预期未来盈余的影响。LIPP（1990）从盈余自相关的角度来界定盈余持续性。Anctil 和 Chamberlain（2005）认为，盈余持续性是指会计盈余的时间序列相关性，早期 Kormendi 和 LIPP（1987）、LIPP（1990）所倡导的 ARIMA 模型影响最大。但由于该方法技术难度大，同时只考虑历史财务数据信息，而我国证券市场发展时间不长且会计标准发生了多次重大修改，不同年度间的会计盈余指标可比性较差，因此，该方法在国内现有研究盈余持续性的成果中很少被采用。

2. 从当期盈余对未来盈余预测能力的角度来界定盈余持续性

根据 Sloan（1996）和 Richardson 等（2003，2005）的研究，盈余持续性是指会计盈余持续到下一期的程度，采用线性一阶自回归模型来估计盈余及其组成部分的持续性，模型中的回归系数就代表了盈余持续性的大小。该回归系数的值越大，越接近于 1，公司的盈余持续性就越高。这种方法是目前国内外盈余持续性理论研究的通行做法。国外采用一阶自回归模型估算盈余持续性的还有 Frankel 和 Litov（2009），Demerjian 等（2013），Chen 和 Shane（2014），Hui 等（2016）。我国的相关研究也广泛运用利用线性一阶自回归模型估计盈余持续性。如彭韶兵等（2008）、张国清和赵景文（2008）、李刚和夏冬林（2007）、刘文达和权小锋（2011）、卢闯（2012）、宋建波等（2012）、张俊瑞等（2016）、雷倩华和涂虹羽（2016）、李姝和梁郁欣（2017）、窦欢和陆正飞（2017）、周兵等（2018）、徐高彦和王晶（2020）、胡楠等（2020）。

3. 利用财务报表数据度量盈余持续性的大小。

Lev 和 Thiagarajan（1993）用公司基本面信息来反映盈余持续性的大小。Cheng 等（1996）用两种方法度量盈余持续性：①每股盈余的变化；②每股收益除以股价。国内主要采用基本分析法，即通过基本分析，识别出包含在净利润数据中的永久盈余成分，并以永久盈余占会计盈余的比重来度量盈余的持续性。赵宇龙和王志台（1999）、王志台（2000）将公司会计盈余分解为永久盈余（以主营业务利润作为永久盈余的表征变量）和暂时盈余两部分，检验市场能否区分持续性不同的会计盈余。研究结果表明，投资者还不能辨别不同质量的盈余项目。陈收和唐安平（2005）进一步用营业利润占总利润的比重、主导业务利润占营业利润的比重去衡量盈余持续性。张兰萍（2006）认为，可从利润指标、非经常性损益的利润指标和经营活动现金比率等指标来衡量盈余持续性。

表 2-3 对盈余持续性的计量方法的文献进行了汇总。

表 2-3　盈余持续性的计量方法的文献汇总

研究角度	主要代表文献
从盈余时间序列特征的角度	从盈余时间序列中估计盈余持续性参数，以 ARIMA 模型影响最大（Ball，1972；Kormendi 和 LIPP，1987；Lev，1989；LIPP，1990；Anctil 和 Chamberlain，2005）
从当期盈余对未来盈余预测能力的角度	采用线性一阶自回归模型来估计盈余的持续性，模型中的回归系数代表了盈余持续性的大小（Freeman，1982；Sloan，1996；Frankel 和 Litov，2009；Demerjian 等，2013；Chen 和 Shane，2014；Hui 等，2016；李刚和夏冬林，2007；张国清和赵景文，2008；刘文达和权小锋，2011；卢闯，2012；宋建波等，2012；张俊瑞等，2016；雷倩华和冷虹羽，2016；李姝和梁郁欣，2017；窦欢和陆正飞，2017；周兵等，2018；徐高彦和王晶，2020；胡楠等，2020）
利用财务报表数据度量	采用企业财务报表的基本面数据分析，如每股收益比每股股价、主营业利润比重或每股净利润等度量盈余持续性（Lev 和 Thiagarajan，1993；Cheng，1996；赵宇龙和王志台，1999；王志台，2000；陈收和唐安平，2005；张兰萍，2006）

2.2.2　盈余持续性的影响因素

盈余持续性是高质量盈余的一个非常重要的属性和特征，它是公司未来盈利能力和企业价值增长的重要衡量标志，是企业管理者、投资者及其他利益相关者进行相关决策的重要依据。获取较高盈余持续性是企业追求财富持续增长的基本目标。

哪些因素会影响企业的盈余持续性，学术界近年来一直致力于这方面的研究。通过整理目前研究文献，我们发现，早期对盈余持续性的研究主要是从会计报告系统和企业经营面的基本影响两个层面展开，相比较而言，从微观的会计报告系统层面研究的居多。早期研究认为影响会计盈余持续性的因素主要有：盈余结构、会计政策选择、产品策略、公司规模、公司杠杆等因素。近年来，学者们从多角度拓宽了盈余持续性的影响因素研究范围，尝试研究公司多元化、机构投资者、内部控制质量、股利政策、现金流操控、研发、高管能力、大股东代理成本、董事会职能、社会资本、企业竞争战略对盈余持续性的影响。

概括来看，学者们主要从会计系统信息视角（如盈余结构、会计政策选择等）、经营战略视角（公司规模、产品策略、多元化、研发及竞争战略）和公司治理视角（如机构投资者、高管能力、董事会职能、大股东代理成本及内部控制质量等）三个角度对盈余持续性的影响因素进行了深入的研究。

1. 从会计系统信息视角研究影响盈余持续性的因素

盈余结构是投资者和分析师关注盈余持续性、评价公司价值的重要参考。Sloan（1996）的研究发现，盈余持续性取决于应计盈余和现金流盈余的相对比例，投资者无法区分会计盈余中的应计项目与现金流量信息。Ramakrishnan和 Thomas（1998）将会计盈余按其持续性分为三类：永久性会计盈余、暂时性会计盈余，以及会计变更带来的与价格无关的会计盈余。Richardson（2006）将总应计项目变化分解为增长部分和效率部分。Dechow 等（2010）认为盈余持续性受到基本盈余和会计信息系统误差两方面的影响。Dechow 等（2008）最早将关注点从盈余的应计部分转移到对现金流量的研究上。Chen 和 Shane（2014）提出了正常的和非正常的现金流量变动的概念。张兰萍（2006）认为，会计盈余可持续性的影响因素包括：会计政策的选择、盈余的结构性、公司的成长性、行业因素。Hui 等（2016）考察了行业的盈余结构对盈余持续性的影响。

2. 从经营战略视角研究影响盈余持续性的因素

Baginski 等（1999）认为公司规模、产品类型、准入壁垒和资本集中度会影响盈余持续性。Lev（1983）也研究发现，产品类型、资本密集度和公司规模会对盈余持续性产生影响；同时，发现了行业竞争度对盈余持续性的影响。Fairfield 和 Yohn（2001）则考查了不同的产品策略对企业盈余持续性的影响。张俊瑞等（2016）研究了多元化与公司盈余持续性的关系，研究结果表明，多元化公司比专业化的公司盈余持续性更强。Freeman 等（1982）研究了多元化与盈余波动性的关系，研究发现，盈余的波动性越小，企业的盈余持续性和预测性越好。卢闯等（2012）研究发现，多元化经营能够有效降低企业经营风险，起到平稳收益的作用。徐高彦和王晶（2020）研究发现，多元化经营会降低企业的盈余持续性。Asthana 和 Zhang（2006）研究发现，公司和行业的研发密集度越高，其盈余持续性越强。Anagnostopoulou 和 Levis（2008）研究发现，公司研发投入水平与超常盈余持续性正向关联。Pandit 等（2009）的研究发现，研发投入产生的净收益中，有 56% 持续累积在企业的未来净收益中。Jung 和 Sambock（2016）研究证明，企业的研发优势能够产生持续的未来收益。周兵等（2018）考查了企业竞争战略与盈余持续性的关系。胡楠等（2020）研究了企业竞争战略与盈余质量的关系。

3. 从公司治理视角研究影响盈余持续性的因素

宋建波等（2012）从盈余持续性角度探讨机构投资者作用，研究发现，机构投资者显著降低了公司的盈余持续性。刘文达和权小锋（2011）发现，经四大会计师事务所审计的公司的盈余持续性较好。李卓和宋玉（2007）的研究发现，发放现金股利的公司，其盈余持续性好于不发放现金股利的公司。Demerjian等（2013）发现，管理者能力较强的公司，其盈余持续性更高。Hsu和Hu（2015）则比较了董事会行使咨询和监督功能对盈余持续性的影响。雷倩华和涂虹羽（2016）研究了社会资本与盈余持续性的关系。窦欢和陆正飞（2017）研究了大股东代理问题与盈余持续性的问题。李姝和梁郁欣（2017）、肖华和张国清（2013）研究了内部控制质量与盈余持续性的关系。雷倩华和钟亚衡（2020）研究了公司治理机制对盈余持续性的影响。

表2-4对关于盈余持续性的影响因素的文献进行了汇总。

表2-4　盈余持续性的影响因素文献汇总

研究角度	主要代表文献
从会计系统信息视角	主要从会计盈余结构、会计政策选择等方面分析对盈余持续性的影响（Sloan，1996；Richardson，2006；张兰萍，2006；Dechow等，2008；Chen和Shane，2014；Hui等，2016）
从经营战略视角	主要从公司规模、产品策略、多元化、研发及竞争战略等方面分析对盈余持续性的影响（Baginski等，1999；Fairfield和Yhon，2001；Freeman，1982；张俊瑞等，2016；卢闯，2012；徐高彦和王晶，2020；Asthana和Zhang，2006；Pandit等，2009；Jung和Sambock，2016；周兵等，2018；胡楠等，2020）
从公司治理视角	主要从机构投资者、高管能力、董事会职能、大股东代理成本、内部控制质量方面分析对盈余持续性的影响（宋建波等，2012；Demerjian等，2013；Hsu和Hu，2015；窦欢和陆正飞，2017；肖华和张国清，2013；李姝和梁郁欣，2017；雷倩华和钟亚衡，2020）

2.3　并购公告资本市场反应方面的研究

2.3.1　并购公告资本市场反应的测度方法

对于公司某一重大事件的宣告、公司重要决策的信息披露或是国家颁布的与企业利益相关的产业、财税方面的政策而引起的资本市场反应，从现有资本市场反应的文献来看，大多数研究是基于事件研究法视角下的累计超额回报率

CAR 值来衡量公告事件引起的短期资本市场反应。早期研究资本市场反应的文献多侧重于股利政策信号传递效应方面（陈浪南和姚正春，2000；何涛和陈晓，2002；孔小文和于笑坤，2003；李常青等，2010）和年度盈余公告披露方面（程小可和王化成，2004；权小锋和吴世农，2010 等）。随着我国资本市场的逐渐成熟，基于事件研究法的 CAR 模型开始被广泛深入地运用，学者们尝试从多种不同的角度去研究公司内部重大事件或是宏观外部事件引起的资本市场反应。如研究社会责任信息披露的市场反应（陈玉清和马丽丽，2005），审计质量与资本市场反应（温国山，2009），内部控制信息披露方面的资本市场反应（杨清香等，2012），媒体关注或报道与资本市场反应（于忠泊和田高良，2012；黄辉，2013），定向增发整体上市行为的市场反应（佟岩等，2015），精准扶贫行为与资本市场反应（易玄等，2020），重大突发公共卫生事件的市场反应（陈赟和沈艳，2020），研发或创新信息披露及数字技术公告的市场反应（程新生等，2020；张娟和黄志忠，2020；孙洁等，2020）。

基于有效市场假设和信号传递理论，企业技术并购是企业的一项重大决策行为，上市公司披露的技术并购公告属于公司重要的内部决策信息，该信息一旦披露，必然会引起资本市场投资者的密切关注，从而引起企业股票价格的波动，带来并购公告的资本市场反应。

1. 并购公告的短期资本市场反应的测度方法

对于并购公告的资本市场反应，众多学者大多是基于事件研究法，从不同角度研究并购公告的短期资本市场反应。如李善民和陈玉罡，2002；高雷和宋顺林，2005；潘红波等，2008；廖理等，2009；唐建新和陈冬 2010；翟进步等，2010；顾露露和 Robert Reed，2011；Cai 等，2012；陈仕华等，2013；王艳和阚铄，2014；姚益龙，2014；王艳和李善民，2017；高燕燕和黄国良，2018；王永妍等，2018；杨超和谢志华，2018；傅祥斐等，2019；张新民等，2020；高扬，2020；傅祥斐等，2020。从现有研究并购公告市场反应的文献来看，短期窗口事件研究法，即通过短期市场超额（非正常）回报率 CAR 来衡量并购公告的市场反应或财富效应仍是使用最广泛的测度方法。

CAR 的计算模型如下：

$$CAR_{i,t} = \sum_{t=m}^{n}(R_{i,t} - R_{mi,t}) \tag{2-1}$$

式中，CAR 是市场调整法计算而得的样本股票累计超额回报率。其中，$R_{i,t}$ 代表当日公司股票回报率；$R_{mi,t}$ 代表当日平均市场收益率。事件窗口期一般选择并购公告日（首次宣告日）的前后 1 个交易日、3 个交易日、5 个交易日或 10 个交易日，以检验公司并购前后的短期资本市场反应。

2. 并购公告的长期资本市场反应的测度方法

对于并购公告的长期资本市场反应，现有文献大多采用 BHAR 模型（购买并持有至考察期结束的超额回报率模型）来测度长窗口期内资本市场对并购事件的反应。如 Barber，1997；李善民和朱滔，2005；陈仕华等，2013；喻凯，2014；张学勇，2017；王艳和李善民，2017；杨超和谢志华，2018；佟岩等，2021 都是采用 BHAR 模型来测度并购的长期资本市场反应或是长期并购绩效。

BHAR 的计算模型如下：

$$BHAR_{iT} = \prod_{0}^{T}\left(1 + R_{i,\ t}\right) - \prod_{0}^{T}\left(1 + R_{m,\ it}\right) \qquad （2-2）$$

式中，BHAR 是根据上述公式计算的投资者购买并一直持有至考察期结束的长期超额回报率；$R_{i,\ t}$ 代表 t 月时公司股票回报率，$R_{mi,\ t}$ 代表 t 月时平均市场股票回报率。事件窗口期一般选择并购公告日（首次宣告日）的后 1 年、2 年、3 年，最长为 5 年的长窗口以检验公司并购后的长期资本市场反应或长期并购绩效。

2.3.2 并购公告的资本市场反应研究

1. 并购公告的短期资本市场反应

现有研究并购公告的短期资本市场反应的文献大都采用事件研究法视角下的累计超额收益率 CAR 来衡量短期资本市场反应或财富效应。大多数文献以并购公告首次宣告日的前后几个交易日为时间窗口计算 CAR，具体可能选择不同的时间窗口，一般以并购公告首次宣告日前后 1、3、5、6、10 个交易日作为短期窗口计算累计超额收益率 CAR，但短期窗口一般最长不超过一个月。不同的文献从不同的视角（如并购特征视角，政府干预，政治关联及董事联结等不同社会关系网络视角，公司外部治理视角，企业文化、社会信任、投资者调研、投资者网络搜索等非正式角度视角）研究了并购公告的短期资本市场反应。

第一类从并购特征（如并购类型、是否签订业绩承诺协议）角度去研究并购公告的短期资本市场反应。李善民和陈玉罡（2002）研究了上市公司兼并与收购的短期财富效应，其以 [-10，30] 作为并购事件的时间窗口分别选择了 [-10，-1]、[1，10]、[11，20]、[21，30]、[-1，0] 这几个子区间段来计算累计超额收益率 CAR，以此来检验不同并购类型对收购公司和目标公司短期财富效应的影响。研究发现，并购能给收购公司带来显著的正向财富效应，且收购股权类和整体收购类的收购公司的 CAR 大且显著。吕超（2018）研究了并购类型、并购商誉对并购公告市场反应的影响。其以 [-3，3] 作为并购事件的窗口期来计算累计超额收益率 CAR，以衡量并购公告的短期资本市场反应。研究发现，并购公告中并购商誉信息披露能给收购方带来正向的累计超额回报率 CAR，且与相关性并购相比，多元化并购会减弱它们之间的正向影响关系。杨超和谢志华（2018）则研究了并购中签订业绩承诺协议及其条款设置对收购公司并购绩效的影响，其采用并购公告前后 1 个交易日、3 个交易日和 5 个交易日，即以 [-1，1]、[-3，3] 和 [-5，5] 为窗口期计算 CAR。研究发现，签订业绩承诺协议的并购事件中，收购公司的并购绩效更好，且业绩承诺门槛与收购公司的并购绩效呈显著正相关关系。

　　第二类从社会关系网络（如政府干预、政治关联、董事联结等）角度去研究并购公告的短期资本市场反应。潘红波等（2008）研究了地方国有上市公司收购非上市公司的并购事件，以此来检验政府干预下政治关联收购公司的并购公告市场反应。文章以 [-1，1]、[0，1] 和 [-1，4] 这三个时间窗口计算 CAR 来衡量并购公告的短期市场反应，研究发现，在事件窗口期盈利收购公司的累计超额收益率为负，而亏损收购公司的累计超额收益率为正。这为政府是"掠夺之手"还是"支持之手"提供了实证证据。陈仕华等（2013）研究了并购双方的董事联结关系对短期并购绩效的影响。文章选择并购公告宣告日之后 4 个交易日，即将 [0，4] 作为时间窗口计算累计超额收益率 CAR 来衡量短期并购绩效。研究发现，存在董事联结与不存在董事联结关系的并购公司相比，并购方的短期并购绩效并不存在显著性差异。

　　第三类从公司外部治理（如地区投资者保护程度、要素市场发展程度等）角度去研究并购公告的短期资本市场反应。如唐建新和陈冬（2010）研究了地区投资者保护对企业异地并购的协同效应的影响。文章计算了并购首次公告日前后 6 个交易日的 10 个窗口期的累计超额收益率，以检验收购公司的短期并购绩效，发现目标公司所在地的投资者保护程度对收购公司的并购收益存在显著影响。姚益龙等（2014）研究了要素市场发展对企业异地并购绩效的影响，发现了央企和地方国企在两者上的差异。

　　第四类从非正式制度（如企业文化、社会信任等）角度去研究并购公告的短期资本市场反应。王艳和阚铄（2014）研究了企业文化对收购公司并购绩效的影响。其研究发现，收购公司的文化强度对其短期并购绩效的影响比较微弱，但对长期并购绩效存在显著负向影响。王艳和李善民（2017）研究了地区非正式制度社会信任对并购绩效的影响。文章采用 [-1，1]、[-2，2] 和 [-5，5] 三个短期窗口计算 CAR 来衡量收购公司的短期并购绩效。研究发现，收购公司所在地区社会信任程度对公司的短期和长期并购绩效均影响显著。蔡宁（2019）则以收购公司与目标公司所在地的方言差异来测度文化差异，并以此来考查方言文化差异对收购公司并购绩效的影响。文章采用并购公告宣告日前后 3 个交易日，即以 [-3，3] 为时间窗口期计算 CAR 来衡量短期并购绩效。研究发现，并购双方所在地的方言差异越大，并购公告的市场反应越好，支持了方言差异的学习效应假说，但当主并公司为国有上市公司、关联并购为同一省份内并购时，方言差异带来的学习效应会被减弱。

第五类从投资者视角（如投资者调研、投资者网络搜索等）去研究并购公告的短期资本市场反应。Reyes（2018）研究了投资者网络搜索与美国上市公司并购公告市场反应，研究发现，当并购上市公司存在新闻报告时，投资者网络搜索增加带来了并购公告超额收益的增加；而当并购上市公司不存在新闻报告时，投资者网络搜索的增加却会带来并购公告超额收益的减少。傅祥斐等（2019）研究了机构投资者调研对并购公告市场反应的影响，其选择并购公告宣告日前后 2 个交易日，即以 [-1，1] 作为事件窗口期计算 CAR 来测度并购公告市场反应。研究发现，机构投资者调研提高了并购公告市场反应，尤其是在非重大资产重组、非国有企业和现金支付的并购交易中，机构投资者调研对并购公告市场反应的提升作用更显著。通过对机构投资者的异质性检验分析，其发现证券公司和公募基金的调研对并购公告市场反应的提升作用更为显著。傅祥斐等（2020）研究了投资者网络搜索对并购公告市场反应的影响，其选择并购公告后 5 个交易日，即以 [0，5] 作为事件窗口期计算 CAR 来测度并购公告市场反应。研究发现，投资者网络搜索增加带来正向的并购公告市场反应，而监管问询函减弱了它们之间的正向影响关系。

2. 并购公告的长期资本市场反应

现有研究并购公告的长期资本市场反应的文献大都采用事件研究法视角下的 BHAR 模型（购买并一直持有至考察期结束的长期超额回报率模型）来测度并购的长期资本市场反应或长期并购绩效。

在运用 BHAR 模型时，大多数文献的事件窗口期一般选择并购公告日（首次宣告日）的后 1 年、2 年、3 年，最长为 5 年的长窗口以检验并购事件对公司长期资本市场的反应或长期并购绩效。如 Loughran 和 Vijh（1997）采用长期超常收益率 BHAR 模型研究收购公司并购后 5 年的超常收益情况，Gregory（1997）也采用 BHAR 模型研究了不同并购类型并购后 2 年的平均累计超常收益的差异,李善民和朱滔(2005)首次将国外规范的基于资本市场反应的并购长期绩效度量方法 BHAR 应用于中国上市公司并购长期绩效的考量,分析了收购公司并购后第 1 年至第 3 年的长期并购绩效。

不同的文献从不同的视角(如董事联结视角、创新能力视角、社会信任视角、并购交易条件视角、经济不确定性视角)研究了并购公告的长期资本市场反应。

第一类从董事联结角度去研究并购公告的长期资本市场反应。如陈仕华等(2013)研究了并购双方的董事联结关系对长期并购绩效的影响,其采用 BHAR 模型计算了并购公告日后公司持有 24 个月的超常收益率来衡量收购公司的长期并购绩效。研究发现,与不存在董事联结关系的并购公司相比,存在董事联结关系的并购方在并购事件中的长期并购绩效更显著,董事联结关系对长期并购绩效存在显著正向影响。

第二类从创新能力的角度去研究并购公告的长期资本市场反应。如张学勇(2017)研究了并购双方的创新能力对收购公司长期并购绩效的影响。其选择了并购公告日后 36 个月的买入并持有超常收益率 BAHR 来衡量长期并购绩效,研究发现,并购创新能力较强的标的公司能够给收购公司带来更高的长期并购绩效,本身具备较强创新能力的收购公司其并购后的长期资本市场反应也较大。

第三类是从社会信任的角度去研究并购公告的长期资本市场反应。如王艳和李善民(2017)研究了地区非正式制度社会信任对并购交易主体的长期价值创造能力的影响。其采用 BHAR 模型分别分析了并购公告日后 12 个月、24 个月和 36 个月的长期并购绩效,研究发现,收购公司所在地区社会信任程度有助于提升收购公司的长期并购绩效。

第四类从并购交易条件(是否签订业绩承诺协议)角度去研究并购公告的长期资本市场反应。如杨超和谢志华(2018)研究了并购中签订业绩承诺协议及其条款设置对收购公司长期并购绩效的影响,其采用了并购公告日后 12 个月的 BHAR1 和 24 个月的 BHAR2 来衡量长期并购绩效。研究发现,与没有签订业绩承诺协议的并购事件相比,签订了业绩承诺协议的并购,收购公司的长期并购绩效显著更好,且并购条款设置得越严格,收购公司的长期并购绩效越好。

第五类从经济不确定性宏观角度去研究并购公告的长期资本市场反应。如佟岩等(2021)研究了经济不确定性对企业长期并购绩效的影响。其也是采用 BHAR 模型计算并购公告日后 12 个月、24 个月和 36 个月的长期并购绩效,并借鉴 Fama 和 French 的三因素模型重新计算 BHAR,衡量长期并购绩效,做稳健性检验。研究发现,经济不确定性与收购方的长期并购绩效呈显著负向关系,经济不确定性越强,收购方的长期资本市场反应越弱。

表2-5对并购公告资本市场反应的研究文献进行了汇总。

表2-5 并购公告资本市场反应文献汇总

研究角度		主要代表文献
并购公告的短期资本市场反应研究（基于事件法的短期并购绩效）	从并购特征视角	主要从并购类型、并购是否签订业绩承诺协议等方面分析并购公告短期市场反应（李善民和陈玉罡，2002；吕超，2018；杨超和谢志华，2018）
	从社会关系网络视角	主要从政府干预、政治关联和董事联结等角度分析并购公告短期市场反应（潘红波等，2008；陈仕华等，2013）
	从公司外部治理视角	主要从地区投资者保护程度、要素市场发展程度方面分析并购公告短期市场反应（唐建新和陈冬，2010；姚益龙等，2014）
	从非正式制度视角	主要从企业文化、社会信任角度分析并购公告短期资本市场反应（王艳和阚铄，2014；蔡宁，2019；王艳和李善民，2017）
	从投资者视角	主要从投资者调研、投资者网络搜索方面分析并购公告短期资本市场反应（Reyes，2018；傅祥斐等，2019；傅祥斐等，2020）
并购公告的长期资本市场反应研究（基于事件法的长期并购绩效）	从董事联结视角	基于信息不对称理论，分析董事联结对长期并购绩效的影响（陈仕华等，2013）
	从创新能力视角	分析并购双方创新能力对收购公司长期并购绩效的影响（张学勇，2017）
	从社会信任视角	分析社会信任作为一种非正式制度的安排对收购公司长期价值创造能力的影响（王艳和李善民，2017）
	从并购交易条件视角	分析并购中签订业绩承诺协议及其条款设置对收购公司长期并购绩效的影响（杨超和谢志华，2018）
	从经济不确定性视角	分析经济不确定性对企业长期并购绩效的影响（佟岩，2021）

2.4 研究不足与改进空间

通过对国内外相关研究文献的梳理，我们发现，虽然相关研究取得了较为丰硕的成果，但仍存在一些不足之处，这些研究不足为本书的研究提供了一定的空间，具体体现在如下几方面。

1. 鲜有专门针对技术并购与收购公司盈余持续性方面的研究成果

尽管有不少文献对盈余持续性的计量方法、影响因素及经济后果进行了一系列深入的研究，但对于技术并购与收购公司盈余持续性关系方面却极少涉猎，把技术并购作为盈余持续性的影响因素进行探索还存在理论上的研究空间。本书正是基于此，实证研究技术并购对盈余持续性的影响，获取技术并购与盈余持续性关系的新的经验证据，以期对现有盈余持续性方面的研究加以补充与完善。

2. 忽略了企业并购创新绩效与并购财务绩效之间隐性传导关系的研究

尽管已有不少文献对技术并购的并购绩效进行了研究，但对并购绩效的研究多集中在单一研究技术并购的财务并购绩效（财务指标来衡量）、并购公告资本市场反应（短期事件研究法）或是技术并购的创新绩效（创新产出衡量）上。现有文献多数关注技术并购与财务并购绩效之间的关系，或是仅仅关注技术并购与直接的创新绩效的关系，忽略了企业并购创新绩效和企业并购财务绩效之间存在的隐性关联，并未研究技术并购通过企业的直接创新效应发挥中介传导作用，进一步影响收购企业的并购财务绩效的问题。因此，本书基于技术创新的中介效应视角，在研究技术并购的创新效应的同时，进一步向前延伸，研究技术并购通过提升企业的技术创新绩效，从而对收购公司盈余持续性产生影响。

3. 鲜有从不同公司治理层面区分不同维度并考虑滞后效果的技术创新效应影响盈余持续性的中介传导路径的差异研究

尽管已有文献对技术并购的创新绩效进行了一定研究，但这些研究往往没有区分不同维度，以及考虑技术创新效应的滞后效果，所以就不能以不同维度及滞后效果的技术创新效应作为中介变量，细化研究技术并购影响盈余持续性的中介传导路径的差异。同时，鲜有文献从不同公司治理层面研究技术创新效应影响盈余持续性的中介传导路径的差异及作用机理。因此，笔者认为有必要对技术并购的创新效应及其对盈余持续性的影响进行更细化、更深入的研究，以揭示在不同公司治理层面中，技术并购的创新效应的差异及其对盈余持续性的影响机制及作用机理。

第 3 章　理论分析与实证研究方案

3.1　理论基础

3.1.1　竞争优势理论

竞争优势理论是由哈佛大学教授波特于 1990 年于其代表作《国家竞争优势》（*The Competitive Advantage of Nations*）一书中提出的。竞争优势理论既适用于国家层面，也适用于公司层面。竞争优势理论阐述了国家或公司怎样才能一直产生或维持自身持续的竞争优势。

波特的竞争优势理论认为：一个国家或企业要想促进经济实力和企业生产效率的快速提高，取得持续竞争优势，必须依靠科技创新和企业的研发能力。

波特认为，在国家经济发展的四个阶段中，创新阶段是重要的阶段，它是国家竞争优势发展的重要力量，会促进经济的繁荣。在创新导向阶段，企业需要不断改进和应用先进技术，以提升自身独立的技术创新能力。技术创新已经成为提高国家（企业）竞争力的关键因素。

应该说，当前我们国家正处于创新导向阶段，技术创新是提高国家竞争力的核心驱动因素。因此，企业要实现技术转型升型，国家要实现创新强国，都必须走技术创新之路。企业要努力提升技术研发能力和水平，始终保持核心竞争优势，才能促使企业保持可持续增长，从而促进国家经济繁荣发展，而技术并购作为企业获取技术和创新能力的一种重要的外部开放式的技术创新方式，其目的就是提升企业的创新潜能和掌握产品核心技术，不断取得行业和产品竞争优势，从而不断提升企业内在价值，赢得资本市场投资者的认可，获取资本市场的长期财富效应。这也是企业进行技术并购的初衷所在。

3.1.2　技术创新理论

经济学家熊彼特是现代技术创新理论的首次提出者，被誉为"技术创新理论"的鼻祖。他 1912 年在《经济发展理论》一书中提出了"技术创新理论"。"技术创新理论"的最大特点，是将技术与经济联系起来，探讨技术创新对经济的推动作用。特别强调企业生产技术和方法的自我革新。这一独具特色的创新理论奠定了熊彼特在经济思想发展史研究领域的独特地位。

　　熊彼特的追随者们将技术创新理论发展成当今西方经济学理论的两个重要分支。一是新增长理论。新增长理论最大的贡献在于，提出技术是一种重要的生产要素，由此引出研究一个国家如何提升技术水平，如何有效地进行技术转移、扩散和增值等问题，为国家创新理论的发展奠定了理论基础。二是研究技术创新的"范式"及其扩散。技术创新经历了从点、线的连接到网络的形成过程，从技术创新的简单线性过程到与外部环境的相互互动的创新网络关系的构建过程，这是弗里曼和纳尔逊"国家创新系统"理论的基础。这一研究充分体现了国家创新体系在优化配置创新资源上的重要作用，从而引导创新主体间的合作互动、相互影响和促进，加快科技知识的生产、传播和应用，提升国家整体技术创新水平。

　　综上，根据技术创新理论，国家需要不断激励企业，尤其是高科技企业进行生产技术方法的革新和产业自我革新，构建国家、产业及企业网络创新体系，加快科技创新知识的扩散和应用，这是推动高科技企业、产业乃至国家经济持续不断向前发展的重要引擎与强大动力。这与我们现阶段提出的以创新为首的新发展理念不谋而合。当前，新一轮科技革命和产业变革加速发展，科技对社会经济发展的作用愈加凸显。我国坚持把创新作为引领发展的第一动力，推动创新驱动发展战略，虽然已经取得了一些成就，但我国仍然必须依靠创新驱动的内涵型增长实现国家经济的持续增长，即始终把技术创新放在首位，因为技术创新既是国家经济发展的重要推动力，也是企业可持续发展和企业价值不断增长的源动力。

3.1.3　吸收能力理论

　　吸收能力理论是由 Cohen 和 Levinthal 在 1990 年发表的论文《吸收能力：基于学习和创新的全新视角》（*Absorptive Capacity： A New Perspective on Learning and Innovation*）一文中提出，该文研究了企业如何识别新知识的价值，吸收并将其应用于企业目标实现的过程。该理论认为，吸收新知识从长远来看，可提升企业的绩效；企业的竞争优势来源于企业吸收能力的独特性。吸收外部知识能力强的企业相比吸收知识能力弱的企业，更具有独特的能力竞争优势。知识吸收能力理论是研究知识转移的重要理论。

　　Cohen 和 Levinthal（1990）将知识吸收能力定义为对于外部知识信息，企业认识其价值并吸收和应用于企业的能力，目的在于提升企业竞争力和企业绩效。其后，Mowery 和 Oxley（1995），Zahra 和 George（2002）提出了更为完整的知识吸收能力的概念。研究认为，企业知识吸收能力是不断获取、内化、吸收和利用知识的过程动态能力。知识吸收能力具体包括知识获取（外部知识识别和获取）、知识吸纳（对外部知识的有效解释和理解）、知识转化（将外部知识与内部知识有效整合）和知识利用（开发新知识）这四种能力。前两种能力属于知识吸收能力基础，后两者能力属于知识吸收能力应用。知识吸收能力基础依赖于企业自身资源，以及外部知识的特性，而知识吸收能力应用才对企业的创新活动真正发挥作用。只有企业内部不断学习、互相交流与沟通合作，才能更好地将企业潜在知识吸收能力转变为实际知识吸收能力。

从吸收能力理论可以看出，企业的知识吸收能力会受到企业原有知识基础、企业的学习努力程度的影响。企业原有知识基础会影响企业对外界知识的认知范围，影响其吸收效率；而企业的学习努力程度是变外部知识为内部知识的非常重要的途径和方法。因此，企业进行技术并购这种获取外界新技术和新知识的技术创新方式，一方面，必须重视企业原有知识的积累，提升知识获取和吸纳能力；另一方面，要加强企业学习的努力程度，打造学习型组织模式，提升知识转化能力和知识开发利用能力。只有这样，企业才能在技术并购后，真正将引进的技术资源和知识内化为企业自身的研发和创新能力，提升企业的核心竞争力，推动企业价值和财富的持续增长。

3.1.4 信号传递理论

经济学家迈克尔·斯宾塞是第一个提出信号传递模型的人，由于他对于信息经济学研究的开创性的贡献而荣获 2001 年的诺贝尔经济学奖。

信号传递理论在财务领域的应用始于罗斯 1977 年的研究，他发现有着大量投资机会相关信息的高管，可以通过企业融资决策和股利决策向潜在的投资者传递一定的信息。信号传递理论认为，在信息不对称下，公司通常向外界传递公司利润、股利和融资这三种常见信号。其中，股利宣告的信号传递效应最为可靠。

基于信号传递理论，早期国内外许多学者侧重研究股利宣告对资本市场反应的影响（Miller，1980；陈晓等，1998；陈浪南和姚正春，2000；孔小文和于笑坤，2003；吕长江和许静静，2010）。他们认为股利宣告具有信息含量，公司宣布股利信息能够向市场传递公司未来稳定向好的信息。股利宣告是向市场传递的一个积极信号，资本市场的投资者必然会对这一信号做出反应，从而带来资本市场反应。

随后，许多学者将信号传递理论延伸到财务研究的各种领域。如研究股权分置改革设置附加承诺、公司透明度、内部控制、定向增发上市、社会责任信息披露、融资信用、研发与创新信息披露。

因此，根据信号传递理论，虽然上市公司对外披露的并购公告不属于公司内部的三种常见信息，但上市公司进行技术并购是公司内部的一项重大投资决策行为，其对企业未来的经营战略与可持续发展会产生十分重要的影响。企业进行技术并购能够向市场传递企业获取技术优势、提升自身研发和创新能力的信号，从本质上看，属于研发与创新信息披露的范畴。已有研究表明，研究与创新信息披露会对资本市场的股票价格变化带来积极影响。因此，笔者认为，上市公司宣告技术并购公告这一重要的公司内部决策信息，会给资本市场的潜在投资者传递一定的正面信息，从而引起短期资本市场的积极反应。

3.1.5　有效市场理论

尤金·砝码教授于 20 世纪初提出了有效市场假说。有效市场假说认为，资本市场能够对上市公司发布的有关公司决策的相关信息做出反应。也就是说，上市公司的股票价格能够及时反映其向市场传递的决策信息，从而引起股票价格的变动即资本市场反应。

根据资本市场对上市公司信息反应的程度，可把资本市场划分为三类有效市场。第一类是强势（完全）有效市场。由于这类市场透明度高和竞争充分，投资者不可能在这样的市场中获得超额收益。第二类是半强势有效市场。股票价格能够反映所有公开信息。如果投资者能够及时了解这些信息，则股票价格会对此迅速做出反应。第三类是弱势有效市场。在弱势有效市场中，资本市场股票价格已充分反映所有过去历史的股票价格信息，如股票的成交价、成交量等信息，投资者可以通过对股票做基本面的分析来获取超额回报。

因此，根据有效市场假说，在半强势或弱势有效市场中，只要投资者能够及时掌握上市公司的重要相关决策信息或对上市公司的股票做全面的基本面分析是能够获取超额收益的。基于有效市场假说这一理论基础，笔者认为上市公司披露的技术并购公告属于公司重要的内部投资决策信息，这就意味企业创新能力提升的预期信息一旦在市场中披露，必然会引起资本市场投资者的关注，同时，由于企业创新价值效应存在时间上的滞后性，随着企业创新价值的逐渐释放，会得到资本市场投资者的持续关注和价值认可。在有效市场和盈余价值相关性的作用下，从长期来看，能够对资本市场的长期股票价格趋势变化带来影响，即长期资本市场反应，给投资者带来长期超额回报。

3.2　研究逻辑与传导机理分析

从前文研究技术并购与并购绩效方面的文献来看，早期大部分文献是从财务绩效的角度去研究并购绩效的，且这些绩效多从一些财务的盈利性指标去衡量并量化并购绩效的大小，基于财务绩效视角的技术并购绩效衡量方法，不够直接，链条过长，难以界定企业财务绩效就是技术并购的直接影响结果，从而影响研究结论的可靠性。我国"十二五"规划出台后，对并购绩效的研究开始转向创新绩效的视角，即研究技术并购与技术创新绩效的关系。可以肯定的是，采用直接的技术创新绩效衡量并购绩效，得出的研究结论更为直接和可靠。但是无论从早期还是现在的大部分文献研究来看，都仅仅关注技术并购与并购财务绩效（多采用财务指标来衡量）之间的关系，或是仅仅单独关注技术并购与直接的创新绩效（多采用创新产出来衡量）的关系，而忽略了并购创新绩效和并购财务绩效之间本身存在的隐性关联关系。笔者认为，企业不是为了创新而创新，创新的最终目的是为了提升企业的价值，而企业的价值最终应该体现在具有较强盈余持续性的财务价值和具有正面积极的资本市场反应的市场价值的提升和增长上。

从前文研究盈余持续性的文献来看，目前广泛采用线性一阶自回归模型中的回归系数来衡量盈余持续性。它反映的是企业盈余业绩反映到下一期的程度，反映了企业盈余的变化趋势、稳定性和持续性，比采用某年的具体财务指标衡量更为恰当和合理。因此，本书以盈余持续性替代早期的以财务指标来衡量并购财务绩效的简单做法，由于企业技术创新使得其财务价值更能得到持续提升，表现出较强的盈余持续性，因此，用盈余持续性的大小来衡量技术并购带来的并购财务绩效（财务价值）。另外，众多学者从行业和企业等微观视角的多个不同角度研究了影响盈余持续性的因素。其中，有研究结果表明，企业技术研发会对盈余持续性产生积极影响，最新的多篇文献也研究了企业战略与盈余持续性的关系（徐浩峰等，2011；周兵等，2018；彭爱武和张新民，2020；胡楠等，2020）。这些研究发现，企业竞争战略对盈余持续性产生显著积极影响。笔者认为，企业技术并购决策属于企业竞争战略的范畴，且技术并购会显著正面影响企业创新绩效和研发水平，因此，笔者认为技术并购会显著正面影响盈余持续性，且这个影响是通过技术创新绩效发挥中介传导作用实现的。

从前文研究并购公告资本反应的文献来看，大多数是基于事件研究法的短窗口视角的 CAR 模型（市场调整法计算的累计超额回报率模型）和长窗口视角下的 BHAR 模型（购买并一直持有至考察期结束的超额回报率模型）来衡量并购的短期和长期资本市场反应。并购的短期资本市场反应文献主要从并购特征、社会关系网络、企业文化、公司外部治理和投资者等角度去展开研究。从这些文献的研究结果发现，凡是向资本市场投资者传递的是正面消息或说是"好消息"，就能够获得资本市场投资者的价值认同，从而带来显著的正向短期资本市场反应。而对于并购长期资本市场反应，文献主要从董事联结视角、创新能力视角、社会信任视角、并购交易条件视角、经济不确定性视角去研究并购公告的长期资本市场反应。国内外有不少文献研究企业创新（创新能力、创新信息披露、创新投入等）与长期资本市场反应。大多数文献支持，企业创新能力的提升、创新信息的披露或是创新投入的增加都能带来积极正向的长期资本市场反应（David Hirshleifer 等，2013；程新生等，2020；周铭山等，2017；刘柏和王馨竹，2019）。而技术并购的目标是为了获取外部有用技术知识或提升企业自主研发能力，从长期来看，企业的创新价值会随着时间的推移而逐渐释放，价值效应的时间滞后性逐渐被市场投资者所接受和认同，给企业带来长期的资本市场反应和价值效应。因此，笔者认为技术并购不仅是个"好消息"，会给收购公司带来显著的短期资本市场反应；同时，由于技术并购后收购公司创新价值的逐渐释放，还会对收购公司的长期资本市场反应产生显著积极的影响。

通过以上对技术并购、盈余持续性及并购公告资本市场反应的文献梳理，笔者发现，技术并购这种外在并购方式能够给收购公司带来正面的创新效应（创新绩效），而企业的研发能力和创新水平的高低会影响企业盈余持续性，企业的竞争战略也会直接影响企业的盈余持续性的大小。因而，笔者认为，技术并购作为企业的一种竞争战略，会影响企业盈余持续性，且这种影响是通过技术创新绩效发挥中介效应传导的。一方面，技术并购公告对于资本市场来说，由于其向市场传递积极的正面信号，因此，会带来显著积极的短期资本市场；另一方面，由于企业技术并购后创新价值随着时间推移的逐渐释放，价值效应的时间滞后性和盈余价值相关性的共同作用，给企业带来长期的资本市场反应和价值效应。

根据技术创新理论和吸收能力理论，高科技企业通过技术并购能够产生直接的创新效应（技术创新绩效）。吸收能力理论认为，具有较良好的创新知识基础的企业，其知识吸收能力就较强，而本书的研究对象是具有良好创新知识的高科技企业，其进行技术并购，一方面可以直接获取外部技术资源，另一方面，由于企业良好的知识吸收能力，能够进一步将外在知识进行内部转化吸收和利用，提升自身技术创新和研发能力，使得企业形成独有持续的竞争优势。根据竞争优势理论和技术创新理论，国家和企业通过技术创新能够提升其独特持续的竞争优势，从而推动国家经济和企业价值的持续增长。而笔者认为，企业的价值不仅表现为财务绩效特征的内在价值（盈余持续性），还应表现为得到资本市场投资者认可的资本市场价值（资本市场反应）。企业通过技术创新带来的持续竞争优势会继而转化为企业内在价值的增长，具体体现在企业盈余的持续性稳定增长。技术并购事件的宣告由于信号传递的作用，基于有效市场和价值相关性理论，投资者对技术并购带来的创新预期，以及创新预期作用下对收购公司盈余持续性的向好预期，必然会引起技术并购收购公司短期的资本市场反应。同时，由于技术并购的创新效应存在时间上的滞后性，企业的创新价值会随着时间的推移逐渐释放，反映在企业的盈余持续性的不断提升上，而由于盈余价值相关性的作用，价值效应的时间滞后性逐渐能被市场投资者所接受和认同，因此，可以给技术并购收购公司带来长期的资本市场反应和价值效应。

因此，基于竞争优势理论、技术创新理论、吸收能力理论、信号传递理论及有效市场理论，以及上述文献梳理和理论分析，本书系统构建了"技术并购—创新效应（技术创新绩效）—盈余持续性—资本市场反应"这一技术并购的理论逻辑传导机制框架，为后续的实证检验奠定了理论和逻辑基础。

本书的研究逻辑及理论传导机制框架如图 3-1 所示。

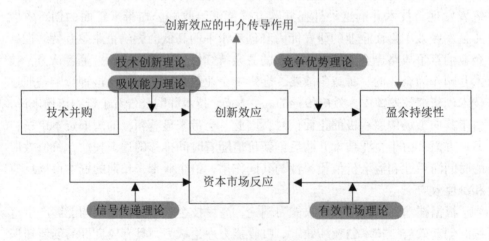

图 3-1 研究逻辑框架图

3.3 实证研究方案

根据 3.2 的研究逻辑推导与传导机理分析，本书将在第 4 章介绍对技术并购的创新效应进行的研究；在第 5 章介绍基于创新效应（技术创新绩效）的中介效应视角，研究技术并购对收购公司的盈余持续性的影响；在第 6 章拓展研究技术并购的短期和长期资本市场反应。本书的实证研究方案将从以下几个方面展开。

第一，对技术并购的创新效应进行实证检验。首先，在第 4 章中，本书构建了 OLS 固定效应模型，实证检验技术并购是否会给收购公司带来技术创新效应（用创新产出效应和创新促进效应两个维度来衡量），以及收购公司成长潜力水平是否会对技术并购的创新效应产生调节作用；在此基础上，进一步进行技术并购的异质性检验，从两维度区分不同类型技术并购（技术巩固型和技术进入型，国内技术并购和跨境技术并购）以检验其技术创新效应的差异。其次，在稳健性检验中，采取两种稳健检验手段：一是替换技术创新效应的代理变量，采用"创新效率 IE"指标作为技术创新效应的另一替代变量做稳健性检验；二是采用 PSM 模型和 Heckman 二阶段模型进行内生性检验，避免由于样本选择偏差带来的内生性问题，以验证 OLS 回归结论的稳健性。最后，进一步根据产权性质、高管激励、股权集中度和创新知识基础进行样本分组的拓展性检验。

第二，实证检验技术并购对盈余持续性的影响——基于技术创新中介效应的实证检验。在第 5 章中，将重点研究技术并购对收购公司盈余持续性的影响。首先，基于线性一阶 AR 自回归模型，按照有调节的中介效应的四步回归方法，构建了中介效应实证模型，检验技术并购对盈余持续性的影响，并检验前者对后者的影响是否通过技术创新绩效发挥中介效应，其中介效应是否受到收购公司成长潜力的调节影响。其次，在稳健性检验中，采取两种稳健检验手段。一是替换代理变量。创造性地采用"盈余增长持续性"指标作为盈余持续性的另一替代变量，做稳健性检验。同时，为了检验技术创新绩效的中介机制的稳健性，还采用了"技术创新产出增量绩效 IOPG 和技术创新促进增量绩效 IPPG"指标作为两维技术创新绩效的替代变量做稳健性检验。二是采用 PSM 模型和 Heckman 二阶段模型进行内生性检验，避免由于样本选择偏差带来的内生性问题，以验证中介效应模型回归结论的稳健性。最后，进一步根据产权性质、高管激励和股权集中度进行样本分组的拓展性检验。

第三，拓展检验技术并购的短期和长期资本市场反应。在第 6 章中，进一步拓展研究技术并购所带来的长短期资本市场反应，并检验分析师跟踪对技术并购长短期资本市场反应的调节作用。首先，采用事件研究法的短窗口 CAR 模型和长窗口 BHAR 模型来考察技术并购所产生的短期和长期资本市场反应。其次，在此基础上，进一步扩展至检验不同类型技术并购所产生的长短期资本市场反应的差异。最后，在稳健性检验中，对于短期资本市场反应，更换事件窗口期来检验技术并购的短期资本市场反应；对于长期资本市场反应，构建未来盈余反应系数（FERC）模型来检验技术并购的长期资本市场反应，并验证技术并购对盈余价值相关性的影响。

本书的实证研究方案如图3-2所示。

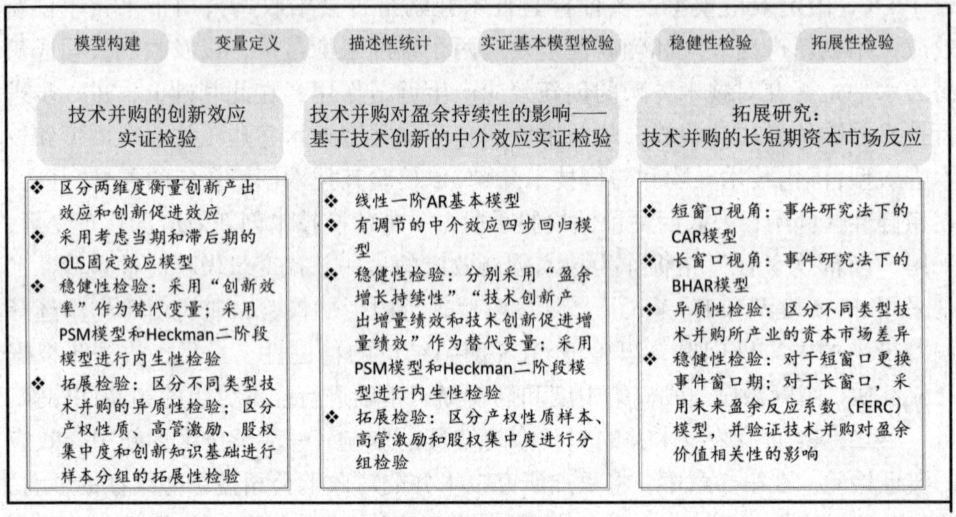

图3-2　实证研究方案

第4章 技术并购的创新效应研究

本章内容首先将重点研究技术并购是否会给收购公司带来技术创新效应（创新产出效应和创新促进效应），以及收购公司成长潜力水平是否会对技术并购的创新效应产生调节作用。其次，进一步从两维度区分不同技术并购类型以检验其技术创新效应的差异。最后，进行区分产权性质、高管激励、股权集中度和创新知识基础的拓展检验，以揭示企业公司治理、自身知识基础和规模的不同对技术创新效应的影响差异。

在经济全球化及我国"十三五"期间全面实施创新驱动发展战略的大背景下，企业拥有的技术与知识资产成为企业参与国内外竞争最为关键的资源之一，企业技术创新是企业可持续发展和提升其国际国内市场竞争力的源动力。然而，部分企业以自身的研发活动提升竞争力不能快速且完全满足企业的发展需求，因此，这些企业往往更倾向于从外部快速获取知识与技术。Chesbrough（2003）的研究指出，技术并购是开放式创新的重要途径之一。技术并购作为一种外部技术创新方式，近年来日益受到许多企业的密切关注。在近些年来的兼并重组的热潮中，上市公司在并购目标的选择方面十分注重增强技术创新能力的并购，以弥补自身技术缺陷，进而提高产品科技含量和促进科研开发能力。据波士顿咨询公司（BCG）发布的2017年企业并购报告《技术并购引领全球企业并购的潮流》显示，以技术并购为目的的交易额在2016年达到了7000亿美元，占全球并购总额的近30%。BCG调查还显示，2014—2016年技术并购交易的数量翻了一番。从中国的海外并购来看，中国在2016年掀起了海外收购热潮，交易值接近2000亿美元，比2015年公布的交易值增加了一倍多，其中标的公司近20%是技术公司。可见，全球技术并购（以技术为目的的并购）逐年来有明显上升的趋势，且主要集中在以信息技术产业为首的高科技产业和战略性新兴产业中，技术并购在近几年的并购实践中发展得十分迅猛。那么，我国技术并购究竟有没有给收购公司带来实实在在的技术创新效应和持续的技术创新能力？具备什么特征的公司进行技术并购更有利于促进其正面的技术创新效应？不同类型的技术并购所带来的技术创新效应是否存在差异？企业公司治理和自身创新知识基础水平不同是否会对技术并购的创新效应产生不同的影响？这些都是值得我国学者们研究的重要理论话题。

就目前国内外有关技术并购与技术创新绩效的研究文献来看，我国研究技术并购相对国外起步较晚。我国学者刘开勇（2004）较早系统地研究技术并购，在其著作中对技术并购进行了较为详细的阐述与研究。国内学者早期在技术并购方面的相关研究成果甚少，且主要集中在对技术并购的财务绩效的研究方面。直至国家"十二五"规划出台（2011年后），才出现研究技术并购与技术创新绩效的文献。

虽然我国目前对技术并购与技术创新绩效方面的理论研究在持续升温，但相比目前并购实践的发展及欧美发达国家的技术并购理论研究还存在较大的差距，我国还是处在技术并购理论研究的初级阶段。国内目前文献中对技术创新绩效的衡量方法大多从创新产出的角度去界定，如采用专利申请数量、专利拥有数量和新产品销售收入等R&D产出指标，但具体的代理变量也不完全相同。大部分文献都是从技术知识基础和企业吸收能力的视角研究技术并购对技术创新绩效的影响，从收购公司成长潜力的视角去研究技术并购与技术创新效应的关系目前还存在一定的研究空白，现有文献也并未对技术并购类型进行两维度区分以全面检验其对技术创新绩效的影响差异。

鉴于此，本章内容中笔者试图回答以下研究问题：如何界定和衡量技术创新效应？技术并购能够给收购公司带来技术创新效应吗？收购公司成长潜力水平是否会对技术并购与技术创新效应的关系产生显著调节作用？不同类型的技术并购（技术进入型和技术巩固型，国内技术并购和跨境技术并购）所带来的技术创新效应是否存在差异？企业公司治理和自身创新知识基础水平不同，其技术创新效应是否也存在差异呢？为了回答以上问题，笔者选择2009—2017年间的我国A股高科技产业的上市公司的并购事件作为研究对象。

本章研究的重点主要有以下四个方面。第一，不同于以往研究技术创新绩效的文献，将技术创新效应区分为两维度来衡量：技术创新产出效应和技术创新促进效应，并考虑了并购后1年的创新产出效应和创新促进效应，更加全面地检验了技术并购对技术创新绩效的影响。第二，以收购公司成长潜力的视角，研究其对技术并购与技术创新效应两者关系的调节作用，拓展了现有技术创新绩效方面的研究范围。第三，将技术并购进一步从两维度区分为技术巩固型并购和技术进入型并购、国内技术并购和跨境技术并购，以检验不同类型技术并购对技术创新效应的影响差异。此研究拓展了现有技术并购与技术创新绩效方面的研究范畴。第四，区分产权性质、高管激励、股权集中度和创新知识基础来揭示企业公司治理和企业自身知识基础和规模的不同对技术创新效应的影响差异。

4.1　理论分析与研究假设

国内外现有的有关技术并购与技术创新绩效的文献研究多数表明，技术并购对收购公司的技术创新绩效会产生显著的积极影响，大部分文献主要是从技术知识基础、企业吸收能力、并购产生规模效应和技术协同效应及技术相关性和技术差距这四个角度来展开研究。

从技术知识基础角度来看，Ahuja 和 Katila（2001）研究了化学企业在 11 年内发生的并购行为，研究发现，并购双方的技术知识基础对并购创新绩效产生影响。并购方技术知识的绝对规模与企业并购后的创新绩效关系呈显著正相关。

从企业吸收能力角度来看，Prabhu 等（2005）及 Desyllasa 和 Hughesb（2010）研究发现，企业的吸收能力对并购的创新效应存在显著的促进作用。其他文献的研究结果也表明：企业通过并购吸收最新技术知识和科研成果，能有效提升企业的创新绩效；企业的吸收能力对技术相似型企业并购的创新绩效有显著的调节作用。

从并购产生的规模效应和技术协同效应的角度来看，Cassiman 等（2005）认为，并购后企业内部资源整合会带来技术的规模效应和协同效应，从而增加企业创新绩效。对于需要互补技术的公司开展技术并购的目的是掌握新的技术知识，进入从未涉足的技术领域，激励企业增加研发投入和开发新技术，给企业带来规模经济效益和创新绩效。

从技术相关性和技术差距的角度来看，Makri 等（2010）研究认为，当并购双方技术的相似度较低而技术的互补性较高时，并购会带来创新质量的提高。其他研究发现：技术差距能正向调节替代性技术并购与创新绩效的关系；处于成长期的收购公司，并购双方技术越邻近，并购的创新绩效就越高。

还有学者从其他多个角度，如从目标公司选择、战略匹配、并购公司主体特征、并购的议价水平、企业所处生命周期等去检验技术并购对技术创新绩效的影响。他们的研究结论都支持了技术并购对收购公司的技术创新绩效产生显著的促进作用这一观点。

从以上研究文献分析得出，技术并购能够给收购公司带来显著的技术创新效应。一方面，技术并购能够使收购公司快速获取目标公司新产品或新技术，扩展自身的技术知识基础，表现为直接的技术创新产出效应；另一方面，通过技术并购吸收最新技术创新成果，进一步增加自身的研发投入，推动收购公司的持续创新能力的提升，表现为技术创新促进效应。考虑到技术并购当年，收购公司技术创新产出效应显著增强，可能会弱化收购公司当年的研发投入，影响其技术创新促进效应，即收购公司当期的技术创新产出效应有可能替代当期的技术促进效应，使得技术并购并不一定显著带来当期的技术创新促进效应。由于技术创新效应的显现存在着一定的滞后性，因此技术并购不仅会影响当期技术并购创新效应，还会显著影响并购后一年的技术并购创新效应。

因此，根据以上理论和逻辑分析，提出以下研究假设：

H1：技术并购会显著带来当期与并购后 1 年的技术创新产出效应。

H2：技术并购会显著带来并购后 1 年的技术创新促进效应。

此外，也有文献指出收购公司的成长潜力水平对其通过技术并购后的技术创新水平有影响。成长潜力较高的公司，大多处于生命周期的黄金上升阶段，之所以被市场和投资者追捧和看好，是因为其知识吸收能力及创新效率和创新能力均明显高于其他企业。具备高成长潜力的收购公司，由于自身拥有较强的创新能力和较高的创新效率及有效甄别技术并购对象的能力和技术吸收能力的条件，从而使得技术并购后的技术创新产出效应和技术创新促进效应显著增强。

因此，根据以上理论和逻辑分析，提出以下研究假设：

H3：收购公司成长潜力水平越高，技术并购带来的技术创新效应越明显。

4.2 研究设计

4.2.1 样本选择及数据来源

笔者选择 2009—2017 年间的中国全部 A 股中隶属高科技产业的上市公司的并购事件作为研究对象，借鉴国家统计局颁布的《战略性新兴产业分类》（2012）和高技术产业（制造业）分类（2017）及高技术产业（服务业）分类（2018），再比照中国证监会 2012 年颁布的《上市公司行业分类指引》的行业划分，具体选择 I、C25、C26、C27、C35、C36、C37、C38、C39、C40、N77、M 共 4 个大类、十二个小类作为全部样本，样本筛除了 ST（被进行退市风险警示的股票）公司和其他数据资料不全的公司，最终获取当期并购总样本观测值 1370 个，其中技术并购样本观测值 589 个，并购后 1 年样本观测值 1248 个。从样本的分布来看，技术并购主要集中在高端装备制造产业（C39、C38、C35）、生物医药产业（C27）和新一代信息技术产业（I）中，详见表 4-1 所列。

表 4-1 技术并购样本的行业分布统计表

行业	I	C25	C26	C27	C35	C36
样本数	52	0	47	70	78	51
行业	C37	C38	C39	C40	N77	M
样本数	24	95	140	18	13	1

注：并购样本数据来自 CSMAR "中国上市公司并购重组研究数据库"。技术并购数据主要根据 CSMAR 数据库的交易概述描述并结合公司并购公告、收购公司年报及上海证券交易所和深圳证券交易所官网手工收集数据综合判断得到。

4.2.2 模型设置

为了检验研究假设，在参考以往研究的理论基础之上，笔者构建了以下基本模型：

$$
\begin{aligned}
IP_{i,t+n} = {} & \alpha_0 + \alpha_1 TMA + \alpha_2 GP + \alpha_3 TMA \times GP + \alpha_4 Size + \\
& \alpha_5 Lev + \alpha_6 State + \alpha_7 Firshare + \alpha_8 Toptenshare + \\
& \alpha_9 RD_{t+n-1} + \sum Year + \varepsilon_{it}
\end{aligned}
\tag{4-1}
$$

其中，$IP_{i,t+n}$ 中，n 等于 0 和 1，代表当期和并购后 1 年的技术创新效应。根据研究假设，预期模型中 TMA 的系数 α_1 应显著为正；模型中交互项的回归系数 α_3 应显著为负。

4.2.3 变量定义

1. 被解释变量

本章的技术创新效应是基于技术并购对技术创新的直接影响效果，不同于早期文献的技术并购财务绩效，它反映的是技术并购的间接影响效果。由于传导路径和影响因素较多，可能会影响结论的可靠性，而本章重在研究技术并购的直接经济效果，属于技术创新绩效的范畴。借鉴胡雪峰和吴晓明（2015）对技术并购创新绩效的两维度的衡量思维，将技术创新效应 IP 划分为技术创新产出效应 IOP 和技术创新促进效应 IPP 两个维度来衡量。之所以划分为这两个维度，是因为收购公司技术并购的目的不仅是在并购当年获取直接的创新产出，更是希望通过技术并购这种外部获取技术的创新方式，能够推动并购后公司自主研发能力的提升，以获得长期持续的技术创新能力。前者表现为直接的技术创新产出效应，后者则表现为间接的技术创新促进效应。技术创新产出效应 IOP 主要反映技术并购对技术并购公司带来的直接创新产出经济效应，借鉴 He 和 Tian（2013）、杨鸣京和程小可（2018）的做法，用技术并购后收购公司的专利申请数来衡量；技术创新促进效应 IPP 主要反映技术并购后对收购公司提升自主研发能力的促进作用，借鉴韩忠雪等（2014）、尹美群等（2018）的做法，用技术并购后研发投入强度来衡量。因此，本章研究的被解释变量为 *IP*、*IOP* 和 *IPP*。考虑到技术并购的创新效应可能存在一定的滞后性，本书采用当期和并购后 1 年的专利申请数和研发投入强度来衡量技术创新效应。

2. 解释变量

借鉴 Ahuja 和 Katila（2001）、温成玉和刘志新（2011）的界定技术并购的观点，从两个标准去判断某一并购事件是否属于技术并购：一是从收购公司的并购公告去手工搜索公司的并购动机，只要并购目的中涵盖获取技术、专利、新产品、技术人才等知识资产，就都认定为此并购事件为技术并购；二是所并购的目标公司在前 5 年内拥有专利技术，也可认定为此并购事件为技术并购。这两个判断标准达到任何一个，即可认定为技术并购。若发生技术并购，则 *TMA*=1，否则为 0。为了区分不同类型技术并购所带来的技术创新效应的差异，将技术并购进一步划分为：技术巩固型和技术进入型（TMA_{type}）、国内技术并购和跨境技术并购（TMA_{area}）。即解释变量为 *TMA*、TMA_{type} 和 TMA_{area}。

3. 调节变量

收购公司成长潜力水平 *GP*，用账市比，即账面价值／市场价值来衡量。*GP* 越低，则说明收购公司成长潜力水平越高。即调节变量为 *GP*。

4. 控制变量

根据已有文献研究，公司规模会影响企业创新（周黎安等，2005；朱恒鹏，2006；吴延兵，2007）；企业负债水平和融资约束会影响企业创新（鞠晓生等，2013；张璇等，2017）；产权性质不同会影响企业创新（李春涛等，2010；温军等，2012；易靖韬等，2015）；股权结构、股权集中度会影响企业创新（冯根福等，2008；李文贵等，2015）；企业 R&D 支出和创新投入会影响企业创新（解维敏等，2009；尹美群等，2018）。故选择公司规模 *Size*、公司杠杆水平 *Lev*、产权性质 *State*、第一大股东持股比例 *Top*1、前十大股东持股比例 *Toptenshare*、收购公司并购前 1 年或当年研发投入强度 RD_{t+n-1} 作为控制变量进行研究。具体变量定义详见表 4-2 所列。

表 4-2　变量定义一览表

变量类别	变量名	变量定义
被解释变量	$IP_{i,t+n}$	技术创新效应，分为技术创新产出效应和技术创新促进效应
	$IOP_{i,t+n}$	技术创新产出效应，用并购当年（$n=0$）和并购后 1 年（$n=1$）专利申请数加 1 后的对数来衡量
	$IPP_{i,t+n}$	技术创新促进效应，用并购当年（$n=0$）和并购后 1 年（$n=1$）研发投入强度，即研发投入 / 营业收入来衡量
解释变量	TMA	是否进行技术并购，发生技术并购，则 $TMA=1$，否则为 0
	TMA_{type}	将技术并购区分为技术进入型和技术巩固型，如果技术并购是技术进入型，则 $TMA_{type}=1$，否则为 0
	TMA_{area}	将技术并购区分为国内技术并购和跨境技术并购，如果技术并购是国内技术并购，则 $TMA_{area}=1$，否则为 0
调节变量	GP	收购公司成长潜力水平，用账市比，即账面价值 / 市场价值来衡量
控制变量	$Size$	公司规模，用总资产的自然对数表示
	Lev	杠杆水平，用总负债的自然对数表示
	$State$	产权性质若为国有企业，取 1，其他取 0
	$Top1$	当期期末公司第一大股东持股比例
	$Toptenshare$	当期期末公司前十大股东持股比例
	RD_{t+n-1}	并购前 1 年（$n=0$）和并购当年（$n=1$）的研发投入强度

4.3　实证结果与分析

4.3.1　描述性统计

表 4-3 列出了主要变量的描述性统计结果。从表 4-3 可见，IOP_t 最小值是 0，最大值是 9.0687；IPP_{t+1} 最小值是 0.1，而最大值是 51.13，这说明样本公司的技术创新效应存在较大差异。TMA 的均值为 0.4364，说明技术并购样本占全部并购样本的比例只有 4 成左右。从 TMA_{type} 和 TMA_{area} 的均值来看，技术并购多为技术巩固型的国内技术并购。从 GP 的最小值、最大值和均值来看，收购公司的成长潜力水平也存在较大差异，且大部分收购公司的成长潜力水平

较高。*State* 的均值为 0.2928，说明样本公司中国有企业占比不大，非国有企业占比较大。从 *Top*1 最小值、最大值来看，收购公司的第一大股东持股比例也存在较大差异；从均值和中位数来看，大部分样本公司的第一大股东持股比例达 30% 以上。从 *Toptenshare* 最小值、最大值来看，收购公司的前十大股东的持股比例也存在较大差异；从均值和中位数来看，大部分样本公司的前十大股东持股比例达 60% 以上。

表 4-3　主要变量的描述性统计

变量	均值	标准差	最小值	中位数	最大值
IOP_t	3.1671	1.5070	0.0000	2.9957	9.0687
IOP_{t+1}	3.2802	1.6186	0.0000	3.1355	8.7253
IPP_t	5.4700	4.6868	0.0800	4.2600	41.0700
IPP_{t+1}	5.5966	5.4251	0.1000	4.1100	51.1300
TMA	0.4364	0.4963	0	0	1
TMA_{type}	0.0892	0.2853	0	0	1
TMA_{area}	0.9426	0.2326	0	1	1
GP	0.6453	0.6344	0.0300	0.4573	6.7177
$Size$	21.9504	1.2590	19.5500	21.7530	26.4920
Lev	20.8240	1.6674	16.8100	20.8190	25.9700
$State$	0.2928	0.4552	0	0	1
Top1	34.2808	14.7194	7.3400	31.8550	87.4600
$Toptenshare$	59.1797	13.9016	19.9200	60.6750	97.1200
RD_{t-1}	5.8854	5.0809	0.0700	4.5400	42.3200

4.3.2 回归结果及分析

1. 技术并购与技术创新效应

技术并购带来的技术创新效应的回归结果见表 4-4 所列。表 4-4 中，回归（1）、（2）的结果显示，技术并购显著带来了当期和并购后 1 年的技术创新产出效应 IOP_t 和 IOP_{t+1}，且在 1% 的水平上显著，这支持了本章的研究假设 H1。回归（3）中，技术并购带来了当期技术创新促进效应 IPP_t，但不显著，这说明，当期的技术创新产出效应替代了当期的技术促进效应。而在回归（4）

中，技术并购显著带来了并购后 1 年的技术创新促进效应 IPP_{t+1}，且在 1% 的水平上显著，这支持了本章的研究假设 H2。

2. 收购公司成长潜力水平对技术并购与技术创新效应关系的调节作用

收购公司成长潜力水平对技术并购与技术创新效应关系的调节影响详见表 4-5 的回归结果。回归（1）、（2）、（3）的结果显示，收购公司成长潜力水平与技术并购的交互项的系数在 5% 和 1% 的水平上显著为负，因为 GP 的值越大，代表收购公司的成长潜力水平越小。因此，交互项显著为负，则说明收购公司成长潜力水平越高，收购公司进行技术并购带来的技术创新效应越明显，收购公司成长潜力水平对技术并购与技术创新效应关系起到显著的调节影响。回归（1）、（2）显示，收购公司成长潜力水平对技术并购当期和并购后1 年的技术创新产出效应关系起到显著的调节影响，对当期的技术创新产出效应 IOP_t 的调节影响在 5% 的水平上显著，对并购后 1 年的技术创新产出效应 IOP_{t+1} 的调节影响在 1% 的水平上显著。回归（3）显示，收购公司成长潜力水平对技术并购与并购后 1 年的技术创新促进效应起到显著的调节影响，对并购后 1 年的技术创新促进效应 IPP_{t+1} 的调节影响在 1% 的水平上显著。表 4-5 的回归结果表明，收购公司成长潜力水平越高，其进行技术并购带来的技术创新产出效应和技术创新促进效应就越明显。这支持了本章的研究假设 H3。

表 4-4　技术并购与技术创新效应

变量	（1）IOP_t 当期技术创新产出效应	（2）IOP_{t+1} 并购后一年技术创新产出效应	（3）IPP_t 当期技术创新促进效应	（4）IPP_{t+1} 并购后一年技术创新促进效应
TMA	1.2746*** （22.43）	0.8498*** （7.66）	0.0032 （0.02）	0.4088*** （2.81）
Size	0.3917*** （5.51）	0.0762 （0.52）	0.5640*** （3.31）	0.3665** （2.1）
Lev	0.1486*** （2.80）	0.5109*** （4.67）	−0.6458*** （−5.08）	−0.3214** （−2.50）
State	0.3623*** （4.78）	0.7034*** （4.31）	0.8461*** （4.64）	0.3655* （1.93）
Top1	−0.0072*** （−2.81）	−0.0136*** （−3.01）	−0.0271*** （−4.47）	−0.0095 （−1.51）

变量	（1）IOP_t 当期技术创新产出效应	（2）IOP_{t+1} 并购后一年技术创新产出效应	（3）IPP_t 当期技术创新促进效应	（4）IPP_{t+1} 并购后一年技术创新促进效应
Toptenshare	0.0047* （1.72）	0.0154*** （2.81）	0.0322*** （4.85）	0.0090 （1.32）
RD_{t-1}	0.0324*** （5.26）		0.8812*** （60.06）	
RD_t		0.0321*** （2.59）		0.9519*** （65.75）
Year	控制	控制	控制	控制
样本量	1370	1248	1370	1248
F 值	199.16***	66.94***	690.12***	800.53***
Adj R^2	0.4989	0.4727	0.7789	0.8120

注：“*”“**”“***”分别表示在10%、5%和1%水平上显著。

表4-5　收购公司成长潜力水平对技术并购与技术创新效应关系的调节作用

变量	（1）IOP_t 当期技术创新产出效应	（2）IOP_{t+1} 并购后一年技术创新产出效应	（3）IPP_{t+1} 并购后一年技术创新促进效应
TMA	1.4435*** （16.77）	1.2962*** （7.32）	0.8740*** （4.18）
TMA×GP	−0.2054** （−2.47）	−0.7709*** （−3.44）	−0.7829*** （−3.02）
GP	−0.1810* （−1.95）	−0.0507 （−0.39）	−0.0844 （−0.39）
Size	0.3747*** （5.14）	0.0740 （0.49）	0.3533** （1.98）
Lev	0.1984*** （3.63）	0.5250*** （4.65）	−0.2638** （−2.00）

变量	（1）IOP_t 当期技术创新 产出效应	（2）IOP_{t+1} 并购后一年技术 创新产出效应	（3）IPP_{t+1} 并购后一年技术 创新促进效应
State	0.3373*** （4.18）	0.8705*** （4.31）	0.4717** （2.34）
*Top*1	−0.0057** （−2.18）	−0.0136*** （−2.91）	−0.0085 （−1.32）
Toptenshare	0.0062** （2.18）	0.0170*** （2.92）	0.0101 （1.45）
RD_{t-1}	0.0305*** （4.86）		
RD_t		0.0300*** （2.35）	0.9545*** （64.34）
year	控制	控制	控制
常数项	−10.1015*** （−13.46）	−10.3255*** （−6.85）	−2.5933 （−1.35）
样本量	1370	1248	1248
F 值	150.56*** 	48.30***	612.42***
Adj R^2	0.5193	0.4711	0.8153

注：“*”“**”“***”分别表示在 10%、5% 和 1% 水平上显著。

4.4　异质性检验

　　根据以往并购绩效的研究成果，不同的并购类型（横向并购或纵向并购）或并购双方的技术差距会影响并购的绩效和效果。根据专门研究海外并购绩效的文献，表明境外政治经济文化环境有别于境内，地域差异也会影响并购绩效。因此，为了进一步检验不同类型技术并购所带来的技术创新效应的差异，将技术并购从两个维度来区分。一是技术巩固型并购和技术进入型并购（TMA_{type}）。

如果技术并购是技术进入型 [1]，则 $TMA_{type}=1$，否则为 0。二是国内技术并购和跨境技术并购（TMA_{area}）。如果技术并购是国内技术并购，则 $TMA_{area}=1$，否则为 0。

　　不同类型技术并购所带来的技术创新效应差异的回归结果详见表 4-6 和表 4-7。表 4-6 中回归（1）、（2）、（3）的结果显示：相对于技术进入型并购，技术巩固型并购更能给收购公司带来显著的技术创新效应，无论是当期或并购后 1 年的技术创新产出效应，还是并购后 1 年的技术创新促进效应都是如此。表 4-7 中回归（1）、（2）、（3）的结果则显示：国内技术并购与跨境技术并购所带来的技术创新效应并不存在显著差异，只是在并购后 1 年的技术创新产出效应中，国内技术并购相比跨境技术并购所带来的技术产出效应更显著。

表 4-6　不同类型技术并购的技术创新效应差异

维度 1：技术巩固型和技术进入型（TMA_{type}）			
变量	（1）IOP_t 当期技术创新产出效应	（2）IOP_{t+1} 并购后一年技术创新产出效应	（3）IPP_{t+1} 并购后一年技术创新促进效应
TMA_{type}	−0.4669*** （−3.69）	−0.9629*** （−3.87）	−1.0311*** （−4.08）
$Size$	0.2235** （2.16）	−0.0619 （−0.27）	0.7145*** （3.45）
Lev	0.3386*** （4.38）	0.7753*** （4.19）	−0.5559*** （−3.61）
$State$	0.2700*** （2.80）	0.3836* （1.68）	0.4703** （2.30）
$Top1$	−0.0104*** （−3.18）	−0.0125* （−1.95）	−0.0180*** （−2.71）
$Toptenshare$	0.0090** （2.50）	0.0086 （1.06）	0.0164** （2.23）
RD_{t-1}	0.0554*** （7.18）		

---

[1] 本章所指技术进入型是指目标公司与收购公司不在同行业，且目标公司也不属于收购公司的上下游相关产业的技术并购。

维度 1：技术巩固型和技术进入型（TMA_{type}）		
变量	（1）IOP_t 当期技术 创新产出效应	（2）IOP_{t+1} 并 购后一年技术 创新产出效应	（3）IPP_{t+1} 并 购后一年技术 创新促进效应
RD_t		0.1195*** （4.81）	1.1167*** （73.54）
$year$	控　制	控　制	控　制
常数项	−8.5934*** （−9.15）	−11.5687*** （−6.14）	−4.9660** （−2.55）
样本量	589	546	546
F 值	68.88***	30.07***	1072.22***
$Adj\ R^2$	0.4307	0.4898	0.9236

注：“*”“**”“***”分别表示在 10%、5% 和 1% 水平上显著。

表 4-7　不同类型技术并购的技术创新效应差异

维度 2：国内技术并购和境外技术并购（TMA_{area}）		
变量	（1）IOP_t 当期技术 创新产出效应	（2）IOP_{t+1} 并 购后一年技术 创新产出效应	（3）IPP_{t+1} 并 购后一年技术 创新促进效应
$TMAarea$	0.2176 （1.37）	0.9890** （2.45）	0.3626 （1.12）
$Size$	0.3856*** （3.75）	0.0993 （0.45）	0.5849*** （3.08）
Lev	0.2775*** （3.56）	0.7490*** （4.38）	−0.4215*** （−2.96）

	维度2：国内技术并购和境外技术并购（TMA_{area}）		
变量	（1）IOP_t 当期技术 创新产出效应	（2）IOP_{t+1}并 购后一年技术 创新产出效应	（3）IPP_{t+1}并 购后一年技术 创新促进效应
State	0.2759*** （2.96）	0.3680* （1.92）	0.4043** （2.27）
Top1	−0.0126*** （−3.73）	−0.0139** （−2.17）	−0.0194*** （−3.05）
Toptenshare	0.0097*** （2.60）	0.0083 （1.08）	0.0161** （2.31）
RD_{t-1}	0.0576*** （7.19）		
RD_t		0.0932*** （3.79）	1.1156*** （76.32）
year	控　制	控　制	控　制
常数项	−11.1171*** （−12.28）	−15.4426*** （−8.48）	−5.2942*** （−3.02）
样本量	589	546	546
F 值	86.22***	42.48***	1116.95***
Adj R^2	0.4644	0.5454	0.9194

注：“*”“**”“***”分别表示在10%、5%和1%水平上显著。

4.5　稳健性检验

4.5.1　替换代理变量

为了增强研究结论的稳健性，笔者采用"创新效率 IE"指标作为技术创新效应的另一替代变量做稳健性检验。创新效率 IE 是用专利申请数 +1 的对数 / 研发投入的对数来衡量。为了与前文研究一致，稳健性检验中也采用当期创新效率（当期专利申请数 / 上期研发投入）和并购后 1 年的创新效率（并购后 1 年专利申请数 / 当期研发投入）分别进行回归，稳健回归结果详见表 4-8 所列。回归结果发现，技术并购显著带来了当期和并购后 1 年的创新效率 IE_t 和 IE_{t+1}，且收购公司成长潜力水平对技术并购当期和并购后 1 年的技术创新效率起到显著的调节作用，这与前面研究假设 H1、H2 和 H3 的结论相一致。其回归结果与前文结论一致，说明研究结论具有很强的稳健性。

表 4-8　稳健回归：检验技术并购与创新效率

变量	（1）IE_t 当期创新效率	（2）IE_{t+1} 并购后 1 年创新效率	（1）IE_t 当期创新效率	（2）IE_{t+1} 并购后 1 年创新效率
TMA	0.0702*** （23.23）	0.0456*** （7.82）	0.0851*** （18.91）	0.0676*** （7.28）
TMA × GP			−0.0263*** （−4.43）	−0.0385*** （−3.27）
GP			−0.0047 （−1.26）	−0.0026 （−0.38）
Size	0.0124*** （3.30）	−0.0076 （−0.99）	0.0136*** （3.56）	−0.0083 （−1.04）
Lev	0.0075*** （2.68）	0.0284*** （4.95）	0.0082*** （2.89）	0.0295*** （4.98）
State	0.0165*** （4.09）	0.0335*** （3.91）	0.0164*** （3.88）	0.0409*** （3.86）

变量	（1）IE_t 当期创新 效率	（2）IE_{t+1} 并购后1年 创新效率	（1）IE_t 当期创新 效率	（2）IE_{t+1} 并购后1年 创新效率
$Top1$	−0.0004*** （−2.62）	−0.0007*** （−3.09）	−0.0003** （−2.24）	−0.0007*** （−2.95）
$Toptenshare$	0.0002 （1.59）	0.0008*** （2.89）	0.0002 （1.43）	0.0008*** （2.89）
RD_{t-1}	0.0009*** （2.73）		0.0009*** （2.75）	
RD_t		0.0009 （1.49）		0.0009 （1.36）
$year$	控 制	控 制	控 制	控 制
常数项	−0.2989*** （−8.05）	−0.2917*** （−3.99）	−0.3426*** （−8.64）	−0.3035*** （−3.84）
样本量	1370	1248	1370	1248
F 值	154.96***	49.48***	122.90***	35.75***
$Adj\ R^2$	0.4362	0.3972	0.4535	0.3955

注："*""**""***"分别表示在10%、5%和1%水平上显著。

4.5.2 基于 PSM 模型的内生性检验

为了避免由于样本选择偏差带来的内生性问题，本部分将采用 PSM 模型

（倾向得分匹配法）对技术并购组（ $TMA=1$ ）和非技术并购组（ $TMA=0$ ）进行样本匹配，以检验匹配后两组之间是否存在显著差异，技术并购是否真的带来了企业的技术创新效应（技术创新产出效应 IOP 和技术创新促进效应 IPP ）。

PSM 模型大致的检验步骤如下。第一，基于所有 2009—2017 年间发生的并购事件的研究样本，选择影响企业技术创新效应的若干协变量（公司规模 $Size$ 、公司杠杆水平 Lev 、第一大股东持股比率 $Top1$ 、前十大股东持股比率 $Toptenshare$ 、股权性质 $State$ 和公司成长潜力水平 GP ），对每个样本逐个计算出由这些因素共同影响企业技术创新效应的概率，即可得到每个样本的倾向值得分 pscore。第二，再将处理组（技术并购组，$TMA=1$ ）和控制组（非技术并购组，$TMA=0$ ）采用最近邻匹配法进行匹配，得到匹配后的处理组和控制组。第三，检验匹配后两组样本的 ATT 平均处理效应 T 值是否显著。如果显著，则说明技术并购组（ $TMA=1$ ）和非技术并购组（ $TMA=0$ ）对创新效应的差异是显著的；或者换句话说，技术并购确实显著带来了企业的技术创新效应。第四，对匹配样本的均衡性进行检验，确认匹配后的处理组和控制组在个体特征上没有明显差异，以保证 ATT 平均处理效应的 T 值检验结论的有效性。

1.PSM 模型相关变量的设定

在 PSM 模型中，涉及三类变量：结果变量（被解释变量）、处理变量（解释变量）和匹配协变量（控制变量）。本章设定的具体三类变量见表 4–9 所列。

表 4–9　PSM 模型相关变量的设定

变量类型	变量名	变量定义
结果变量	IOP_t	当期技术产出效应，用并购当年专利申请数加 1 后的对数来衡量
	IOP_{t+1}	并购后 1 年技术产出效应，用并购后 1 年专利申请数加 1 后的对数来衡量
	IPP_{t+1}	并购后 1 年技术促进效应，用并购后 1 年研发投入强度，即研发投入 / 营业收入来衡量
处理变量	TMA	若为技术并购，则 $TMA=1$ ；若非技术并购，则 $TMA=0$

变量类型	变量名	变量定义
匹配协变量	Size	公司规模
	Lev	公司杠杆水平
	Top1	第一大股东持股比率
	Toptenshare	前十大股东持股比率
	State	股权性质
	GP	公司成长潜力水平

2. 基于最近邻匹配的 PSM 模型匹配结果

为了验证前文采用 OLS 多元回归实证的结论的稳健性，本部分针对结果变量技术创新效应从三个层面，即当期技术产出效应 IOP_t，并购后 1 年技术产出 IOP_{t+1} 和并购后 1 年技术促进效应 IPP_{t+1} 进行倾向值得分匹配，以检验每个层面的结果变量匹配后的平均处理效应 ATT 的 T 值是否存在显著性差异。以下是基于三个层面结果变量创新效应 PSM 模型匹配后的平均处理效应 ATT 的 T 值表，详见表 4-10 所列。

表 4-10　PSM 模型匹配后平均处理效应（ATT）

结果变量（技术创新效应 IP)	样本	处理组（TMA=1）	控制组（TMA=0）	差异	标准误 S.E	T 值
当期技术产出效应 IOP_t	匹配前	3.9529	2.4220	1.5309	0.0393	38.87
	匹配后 ATT	3.9529	2.5447	1.4082	0.0530	25.46[***]

续　表

结果变量（技术创新效应 IP)	样本	处理组（$TMA=1$）	控制组（$TMA=0$）	差异	标准误 S.E	T 值
并购后 1 年技术产出效应 IOP_{t+1}	匹配前	4.2821	2.5672	1.7149	0.1328	12.91
	匹配后 ATT	4.2821	2.9005	1.3766	0.2033	6.77***
并购后一年技术促进效应 IPP_{t+1}	匹配前	6.3107	5.5608	0.7499	0.3095	2.42
	匹配后 ATT	6.3160	5.8641	0.4519	0.2078	1.96**

3. 匹配样本共同取值范围分布情况

图 4-1、图 4-2 和图 4-3 分别反映了三个层面结果变量的处理组和控制组匹配样本的共同取值范围分布情况。从这三个图可以看出，绝大多数观察值都在共同取值范围内，只有极少样本在共同取值范围之外。因此，匹配的样本损失非常少，这保证了匹配结论的可靠性和有效性。

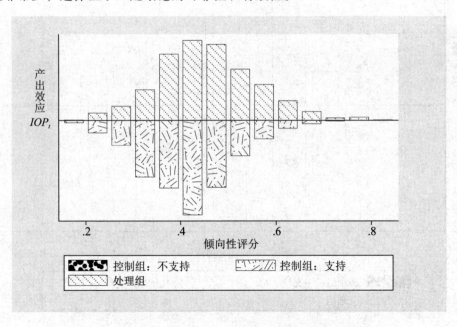

图 4-1　当期技术产出效应 IOP_t 的样本匹配共同取值范围分布图

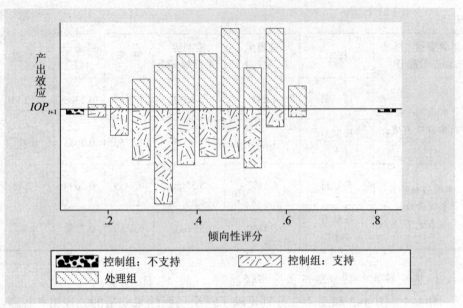

图 4-2　并购后 1 年技术产出效应 IOP_{t+1} 的样本匹配共同取值范围

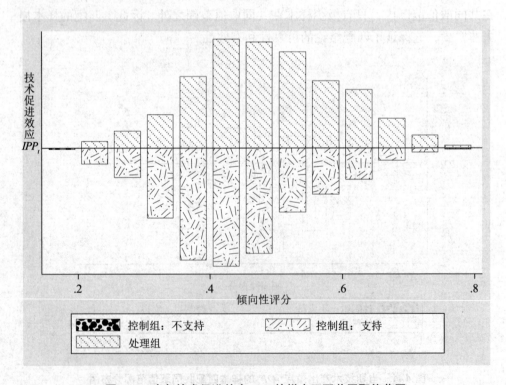

图 4-3　当年技术促进效应 IPP_t 的样本匹配共同取值范围

4. 匹配样本均衡性检验

表 4-11 反映了当期技术产出效应 IOP_t 样本匹配均衡性检验结果。从表中的检验结果来看，所有的协变量匹配后的偏差均在 10% 以下，偏差大部分降低幅度在 90% 以上，而且从 T 值检验来看匹配后各协变量均不存在显着性差异。这说明对于当期技术产出效应 IOP_t 而言，处理组和控制组样本区配效果很好，完生通过了样本匹配的均衡性检验，从而保证了表 4-10 中当期技术产出效应 IOP_t 的 ATT 平均处理效应的 T 值（$T=25.46^{***}$）检验结论的有效性。

表 4-11　当期技术产出效应 IOP_t 样本匹配均衡性检验

协变量	样本	均值		标准化偏差 / %	标准化偏差降低幅度 / %	T 检验	
		处理组（TMA=1）	控制组（TMA=0）			T 值	P 值
Size	匹配前	22.02	21.688	28.0		8.78	0.000
	匹配后	22.02	21.99	2.2	92.1	0.61	0.541
Lev	匹配前	20.903	20.52	23.8		7.46	0.000
	匹配后	20.903	20.889	0.9	96.3	0.25	0.803
Top1	匹配前	33.528	32.516	7.2		2.06	0.040
	匹配后	33.528	33.78	−1.8	80.0	−0.56	0.577
Toptenshare	匹配前	58.79	58.055	5.3		1.66	0.097
	匹配后	58.79	58.541	1.8	66.0	0.53	0.598
State	匹配前	0.27768	0.34215	−14.0		−4.33	0.000
	匹配后	0.27768	0.27417	0.8	94.5	0.23	0.818
GP	匹配前	0.72202	0.59699	17.5		5.55	0.000
	匹配后	0.72202	0.73306	−1.5	91.2	−0.39	0.698

表 4-12 反映了并购后 1 年技术产出效应 IOP_{t+1} 样本匹配均衡性检验结果。从表中同样可以看出，所有的协变量匹配后的偏差均在 10% 以下，偏差大部分降低幅度在 90% 以上，而且从 T 值检验来看，匹配后各协变量均不存在显著

性差异。这说明对于并购后 1 年技术产出效应 IOP_{t+1} 而言，处理组和控制组样本匹配的效果也很好，完全通过了样本匹配的均衡性检验，从而保证了表 4-10 中并购后一年技术产出效应 IOP_{t+1} 的 ATT 平均处理效应的 T 值（T=6.77[***]）检验结论的有效性。

表 4-12　并购后一年技术产出效应 IOP_{t+1} 样本匹配均衡性检验

协变量	样本	均值		标准化偏差/ %	标准化偏差降低幅度 / %	T 检验	
		处理组（TMA=1）	控制组（TMA=0）			T 值	P 值
Size	匹配前	22.22	21.698	42.4		4.45	0.000
	匹配后	22.22	22.25	−2.5	94.1	−0.24	0.811
Lev	匹配前	21.174	20.41	45.9		4.79	0.000
	匹配后	21.174	21.216	−2.5	94.5	−0.24	0.807
Top1	匹配前	34.479	36.988	−17.6		−1.79	0.074
	匹配后	34.479	33.851	4.4	80.0	0.46	0.646
Toptenshare	匹配前	58.883	61.689	−21.6		−2.29	0.023
	匹配后	58.883	58.853	0.2	99.1	0.02	0.981
State	匹配前	0.2	0.172	6.8		0.67	0.506
	匹配后	0.2	0.196	1.0	73.5	0.10	0.920
GP	匹配前	0.722	0.596	17.5		5.55	0.000
	匹配后	0.722	0.733	−1.5	91.2	−0.39	0.698

表 4-13 反映了并购后 1 年技术促进效应 IPP_{t+1} 样本匹配均衡性检验结果。从表中同样可以看出，所有的协变量匹配后的偏差均在 10% 以下，偏差大部分降低幅度在 70% 以上，而且从 T 值检验来看，匹配后各协变量也均不存在显著性差异。这说明对于并购后 1 年技术促进效应 IPP_{t+1} 而言，处理组和控制组样本匹配的效果也很好，完全通过了样本匹配的均衡性检验，从而保证了表 4-10 中并购后 1 年技术促进效应 IPP_{t+1} 的 ATT 平均处理效应的 T 值（T=1.96[**]）检验结论的有效性。

表 4–13 并购后 1 年技术促进效应 IPP_{t+1} 样本匹配均衡性检验

协变量	样本	均值		标准化偏差 / %	标准化偏差降低幅度 / %	T 检验	
		处理组（$TMA=1$）	控制组（$TMA=0$）			T 值	P 值
Size	匹配前	21.962	21.556	36.1		10.05	0.000
	匹配后	21.959	21965	−0.6	98.5	−0.14	0.888
Lev	匹配前	20.818	20.301	33.0		9.18	0.000
	匹配后	20.815	20.779	2.2	93.2	0.57	0.568
Top1	匹配前	33.921	34.652	−5.1		−1.32	0.186
	匹配后	33.936	33.774	1.1	82.2	0.31	0.753
Toptenshare	匹配前	59.265	59.692	−3.1		−0.87	0.386
	匹配后	59.254	59.16	0.7	78.0	0.18	0.856
State	匹配前	0.237	0.280	−9.7		−2.67	0.008
	匹配后	0.237	0.249	−2.7	71.7	−0.74	0.457
GP	匹配前	0.670	0.563	16.9		4.72	0.000
	匹配后	0.669	0.697	−4.4	74.0	−0.98	0.325

基于以上 PSM 模型三个层面结果变量匹配样本的 ATT 平均处理效应的 T 值检验结果（$T_1=25.46^{***}$，$T_2=6.77^{***}$，$T_3=1.96^{**}$），通过分析三个层面处理组和控制组样本匹配的共同支撑范围分布情况，以及结合当期技术产出效应 IOP_t、并购后一年技术产出效应 IOP_{t+1} 和并购后一年技术促进效应 IPP_{t+1} 三个层面的样本匹配均衡性检验，足以判断得出以下研究结论：处理组（技术并购组，$TMA=1$）和控制组（非技术并购组，$TMA=0$）的企业技术创新效存在显著性差异，技术并购显著提升了当期技术产出效应 IOP_t、并购后 1 年技术产出效应 IOP_{t+1} 和并购后 1 年技术促进效应 IPP_{t+1}，与前文通过 OLS 多元回归实证结果的研究结论保持一致。这充分说明技术并购会带来显著的企业技术创新产出效应和技术创新促进效应，研究结论非常稳健。

4.5.3 Heckman 二阶段模型的内生性检验

为了避免由于样本选择偏差带来的内生性问题，本部分将采用 Heckman

二阶段模型对样本进行检验，再次验证技术并购是否真的带来了企业的技术创新效应（技术创新产出效应 *IOP* 和技术创新促进效应 *IPP*）。

Heckman 二阶段模型的检验步骤如下。第一阶段，先建立 Probit 多元回归模型。以 *TMA*（是否进行技术并购）为因变量，将那些会对企业进行技术并购选择产生影响的相关因素作为自变量（公司规模 *Size*、公司杠杆水平 *Lev*、第一大股东持股比率 *Top*1，前十大股东持股比率 *Toptenshare*、股权性质 *State*、公司成长潜力水平 *GP* 和 *Risk* 公司风险水平）进行 Probit 回归，并计算得到逆米尔斯比率（Inverse Mills Ratio，IMR）。第二阶段，将第一阶段计算得到的 *IMR* 作为控制变量，加入原有回归模型中，做第二阶段的回归检验。如果 *TMA* 在第二阶模型中仍显著影响收购企业的技术创新效应，则说明技术并购能够带来收购企业的显著的技术创新效应这一结论是十分稳健的。

1.Probit 多元回归模型的设置和 Heckman 第一阶段回归结果

Probit 多元回归模型如下：

$$\Pr(TMA=1\,|\,X_n)=\varnothing(\alpha_0+\,+\alpha_1\,Size+\alpha_2\,LEV+\alpha_3\,State+\alpha_4\,Firshare$$

$$+\alpha_5\,Toptenshare+\alpha_6\,GP+\alpha_7\,Risk+\sum Year) \tag{4-2}$$

表 4-14 显示了 Heckman 第一阶段回归的结果。从中可以看出，公司规模越大，技术并购的可能性越大；相比国有企业，非国有企业进行技术并购的可能性更大；前十大股东持股比例越高，公司进行技术并购的可能性越大；公司的成长潜力水平越高，进行技术并购的可能性越大；公司的风险水平越高，进行技术并购的可能性越小。

表 4-14 Heckman 第一阶段回归结果

变量	TMA	
	系数	Z 值
Size	0.3618*** （0.49）	4.80 （1.98）
Lev	0.0201 （4.65）	0.36 （−2.00）
State	−0.2132*** （4.31）	−2.61 （2.34）

变量	TMA	
	系数	Z 值
Top1	−0.0021 （−2.91）	−0.73 （−1.32）
Toptenshare	0.0052* （2.92）	1.74 （1.45）
GP	−0.1220* 	−1.84
Risk	−0.0312*** 	−2.96
year	控　制	控　制
常数项	−8.5256*** （−6.85）	−10.95 （−1.35）
样本量	1370	1370
X^2	189.43***	
Pseudo-R^2	0.0770	

注："*"、"**"、"***"分别表示在 10%、5% 和 1% 水平上显著。

2. Heckman 第二阶段回归结果

表 4-15 分别列示了技术并购的当期技术创新产出效应 IOP_t、并购后 1 年技术创新产出效应 IOP_{t+1} 和并购后 1 年技术创新促进效应 IPP_t 的 Heckman 第二阶段回归结果。前三列反映的是技术并购的创新效应的基本回归结果，后三列反映的是考虑收购公司成长潜力水平的调节回归结果。我们在第二阶段回归模型中控制了逆米尔斯比率 IMR。从 IMR 的回归系数来看，大多数都与企业的技术创新效应显著正相关，这说明原有回归模型中存在内生性问题。从回归结果的 TMA 系数、交互项 TMA×GP 的系数来看，前文的研究假设 1 和 2 仍然显著成立，这说明在控制了内生性问题之后，技术并购仍然显著带来了技术创新产出效应和技术创新促进效应，并且技术并购的创新效应受到收购公司成长潜力水平的显著调节影响，即收购公司成长潜力水平越高，技术并购带来的技术创新效应越明显。这说明前文的研究结论是十分稳健的。

表 4-15 Heckman 第二阶段回归结果

变量	（1）IOP_t	（2）IOP_{t+1}	（3）IPP_{t+1}	（1）IOP_t	（2）IOP_{t+1}	（3）IPP_{t+1}
TMA	1.2907*** (22.10)	0.8691*** (6.87)	0.3543** (2.54)	1.5367*** (18.08)	1.3347*** (6.72)	0.8091*** (4.14)
$TMA \times GP$				−0.4541*** (−4.05)	−0.8244*** (−3.11)	−0.0385★★★ (−3.27)
GP				−0.1666* (−1.67)	−0.2928 (−1.47)	−0.4333 (−1.59)
IMR	1.1141 (1.52)	2.0614 (1.29)	5.1489*** (2.73)	3.8198*** (3.41)	6.1969** (2.49)	5.4660* (1.80)
$Size$	0.6619*** (3.67)	0.1574 (0.42)	0.7809* (1.72)	1.2779*** (4.85)	1.1220** (1.97)	0.8755 (1.22)
LEV	0.1573*** (2.89)	0.7397*** (6.10)	−0.3731*** (−2.97)	0.2218*** (3.90)	0.7928*** (6.25)	−0.3676*** (−2.75)
$State$	0.1423 (0.97)	0.7971** (2.26)	−1.2580*** (−3.38)	−0.1926 (−1.06)	−0.3915 (−0.92)	−1.2817*** (−2.65)
$Top1$	−0.0077*** (−2.80)	−0.0188*** (−3.63)	−0.0029 (−0.45)	−0.0110*** (−3.78)	−0.0243*** (−4.40)	−0.0008 (−0.11)
$Toptenshare$	0.0075** (2.00)	0.0287*** (3.70)	0.0076 (0.86)	0.0172*** (3.66)	0.0448*** (4.54)	0.0083 (0.69)
RD_{t-1}	0.0342*** (5.45)			0.0324*** (5.20)		
RD_t		0.0341*** (2.68)	0.9528*** (67.06)		0.0307** (2.44)	0.9542*** (67.18)
$Year$	控制	控制	控制		控制	控制
常数项	−16.623*** (−3.61)	−18.947** (−1.97)	−29.933** (−2.56) (−2.95)	−34.155*** (−4.82)	−45.404*** (−2.95)	−31.906 (−1.64) (−2.95)
样本量	1370	1248	1248	1370	1248	1248

变量	（1）IOP_t	（2）IOP_{t+1}	（3）IPP_{t+1}	（1）IOP_t	（2）IOP_{t+1}	（3）IPP_{t+1}
F 值	170.48***	46.57***	735.84***	141.25***	39.67***	593.77***
$Adj\ R^2$	0.5093	0.4804	0.8157	0.5184	0.4973	0.8172

注："*""**""***"分别表示在 10%、5% 和 1% 水平上显著。

4.6　进一步拓展检验

由于国有企业和非国有企业在融资约束和风险承担水平上存在显著差异，而企业创新又受融资约束和风险承担水平的影响（解维敏和方红星，2011；唐清泉和巫岑，2015；刘华和杨汉明，2017），从而可能引起不同产权性质的企业技术并购的创新效应的差异。企业实施高管激励可以有效缓解第一类代理问题（Jensen 和 Meckling，1976；Wright 等，1996），高管激励会对企业的研发投入和创新产出产生积极影响（王燕妮，2011；美英兵和于雅萍，2017；尹美群等，2018），因而，是否实施高管激励会对技术并购的创新效应产生差异化的影响。股权集中度不同的企业因为存在第二类代理问题，可能会对企业创新风险的容忍程度、创新投入和创新效率产生较大的影响（冯根福和温军，2008；张峰和杨建君，2016；顾露露和张凯歌，2021），从而引起不同股权集中度情况下创新效应的差异。创新知识基础不同会影响企业对外部新知识的认知、评价、吸收和转化应用，从而带来创新效应的差异（Cohen 和 Levinthal，1990；温成玉和刘志新，2011；Sevilir 和 Tian，2012；刘辉等，2017；严焰和池仁勇，2020；吴洁等，2020）。

因此，本部分将按收购公司的产权性质、高管激励、股权集中度和创新知识基础进行分组，来进一步拓展检验在四种不同情况下技术并购的创新效应的差异。

4.6.1　区分产权性质

本部分将根据收购公司的产权性质进行分组，分为国有企业组（$State=1$）和非国有企业组（$State=0$），以检验国有企业组和非国有企业组技术并购的创新效应的差异。

表 4–16 和表 4–17 分别从当期技术创新产出效应 IOP_t、并购后 1 年技术创新产出效应 IOP_{t+1} 和并购后 1 年技术创新促进效应 IPP_{t+1} 三个层面，具体反映国有企业组（$State$=1）和非国有企业组（$State$=0）技术并购带来技术创新效应的差异。从表 4–14 和表 4–15 技术并购 TMA 的 T 统计值可以看出，无论是国有企业，还是非国有企业，进行技术并购都能带来显著正面的技术产出效应 IOP（包括当期 IOP_t 和并购后 1 年 IOP_{t+1}）；但对并购后一年技术创新促进效应 IPP_{t+1}，在国有企业和非国有企业中存在显著性差异。在国有企业中，技术并购没有显著带来并购后 1 年的技术创新促进效应（T=1.27）；而在非国有企业中，技术并购却显著带来了并购后 1 年的技术创新促进效应（T=2.01）。这说明国有企业利用技术并购这种外部技术创新方式时，未能持续转化成企业内在的自主创新能力，这可能是由于存在高管激励不到位或代理问题导致的结果，而非国有企业在转化和提升企业自主创新能力方面的优势就很明显。通过对比分析国有企业和非国有企业在其他方面的差异，我们发现，在企业规模 $Size$、企业杠杆率 Lev 和第一大股东持股比例 Top1 这几方面也存在显著差异。在国有企业中，企业规模越大，技术并购的当期技术创新效应越显著（T=3.91）；而在非国有企业中，企业规模对当期技术创新效应并不显著（T=0.23、0.35、0.16）。在国有企业中，企业杠杆率并不显著影响技术创新产出效效应和技术创新促进效应（T=0.67、0.69）；而在非国有企业中，企业杠杆率显著影响技术创新产出效应（T=6.29、2.5）。这说明，与非国有企业相比，国有企业融资约束较小。在国有企业中，第一大股东持股比率显著负向影响技术创新促进效应（T= –2.25），而在非国有企业中，第一大股东持股比率并不显著影响技术创新促进效应（T= –1.57）。这说明在国有企业中，大股东的第二类代理问题和掏空效应比非国有企业更严重。

表 4–16　技术并购与技术创新效应（$State$=1）

变量	（1）IOP_t 当期技术创新产出效应	（2）IOP_{t+1} 并购后一年技术创新产出效应	（3）IPP_{t+1} 并购后一年技术创新促进效应
TMA	1.7531*** （20.47）	2.0880*** （4.68）	0.1613 （1.27）
$Size$	0.4042*** （3.91）	0.0131 （0.02）	0.2755* （1.85）

续　表

变量	（1）IOP_t 当期技术创新 产出效应	（2）IOP_{t+1} 并购后一年技术 创新产出效应	（3）IPP_{t+1} 并购后一年技术 创新促进效应
Lev	0.0566 （0.67）	0.4058 （0.69）	0.2180* （1.79）
$Top1$	−0.1770*** （−4.49）	−0.0807*** （−3.52）	−0.0118** （−2.25）
$Toptenshare$	0.0084** （2.04）	0.0054 （0.24）	0.0052 （0.93）
RD_{t-1}	0.0289*** （2.87）		
RD_t		0.0031 （0.03）	1.1289*** （91.88）
$Year$	控制	控制	控制
样本量	401	360	360
F 值	137.34***	16.31***	1965.2***
$Adj\ R^2$	0.5262	0.6709	0.9426

注："*""**""***"分别表示在 10%、5% 和 1% 水平上显著。

表 4-17　技术并购与技术创新效应（$State=0$）

变量	（1）IOP_t 当期技术创新 产出效应	（2）IOP_{t+1} 并购后一年技术 创新产出效应	（3）IPP_{t+1} 并购后一年技术 创新促进效应
TMA	1.3176*** （27.51）	1.3160*** （9.72）	0.2843** （2.01）
$Size$	0.0126 （0.23）	0.0532 （0.35）	0.2560 （0.16）

变量	（1）IOP_t 当期技术创新 产出效应	（2）IOP_{t+1} 并购后一年技术 创新产出效应	（3）IPP_{t+1} 并购后一年技术 创新促进效应
Lev	0.2420*** （6.29）	0.2774** （2.50）	−0.0764 （−0.69）
$Top1$	0.0038* （1.77）	−0.0016 （−0.30）	−0.0098 （−1.57）
$Toptenshare$	0.0006 （0.3）	0.0111* （1.69）	0.0052 （0.81）
RD_{t-1}	0.0016 （0.28）		
RD_t		0.0107 （0.87）	0.8848*** （56.69）
$Year$	控制	控制	控制
样本量	969	888	888
F 值	188.26***	27.87***	608.02***
$Adj\ R^2$	0.3365	0.3411	0.6291

注：“*”“**”“***”分别表示在10%、5%和1%水平上显著。

4.6.2　区分高管激励

本章将根据收购公司技术并购当年是否实施高管激励计划进行分组，将已实施高管激励计划（Incentive=1）的设为激励组，没有实施高管激励计划（Incentive=0）的设为非激励组，以检验激励组和非激励组技术并购的创新效应的差异。

表4-18和表4-19分别从当期技术创新产出效应 IOP_t、并购后1年技术创新产出效应 IOP_{t+1} 和并购后1年技术创新促进效应 IPP_{t+1} 三个层面，具体反映已实施高管激励计划的激励组（$Incentive$=1）和未实施高管激励计划的非激励组（$Incentive$=0）技术并购带来技术创新效应的差异。从表4-16和表4-17技术并购 TMA 的 T 统计值可以看出，无论是激励组，还是非激励组，进行技

术并购都能带来显著正面的技术产出效应 *IOP*（包括当期 *IOP*$_t$ 和并购后一年 *IOP*$_{t+1}$）；但对购后 1 年的技术创新促进效应 *IPP*$_{t+1}$，在激励组和非激励组存在显著性差异。在激励组中，技术并购显著带来并购后 1 年的技术创新促进效应（*T*=1.96）；而在非激励组中，技术并购却未显著带来并购后 1 年的技术创新促进效应（*T*=0.58）。这说明国有企业需要充分利用高管激励手段去激发技术并购后企业进行自主创新的动力和提升内部自主创新能力，验证了 4.6.1 国有企业和非国有企业在并购后 1 年技术创新促进效应差异的原因是高管激励不到位。通过对比分析激励组和非激励组在其他方面的差异，我们还发现，在企业规模 *Size*、股权性质 *State* 和第一大股东持股比例方面还存在显著差异。在高管激励组中，企业规模越大，技术并购的当期技术创新效应越显著（*T*=2.98）；而在非激励组中，企业规模对当期技术创新效应的影响并不显著（*T*=0.49）。在高管激励组中，股权性质显著影响技术创新产出效应（*T*=6.95，4.45）；而在非激励组中，股权性质并不显著影响技术创新产出效应（*T*=1.59，0.92）。这说明高管激励对于国有企业来说尤其重要。在高管激励组中，第一大股东持股比例显著正向影响对技术创新产出效应存在（*T*=3.46），说明股权越集中越有利于提升技术创新产出效应；而在非激励组中，第一大股东持股比例技术创新产出效应存在显著负向影响（*T*=–3.41），不利于技术创新产出效应提高。

表 4–18　技术并购与技术创新效应（激励组 *Incentive*=1）

变量	（1）*IOP*$_t$ 当期技术创新 产出效应	（2）*IOP*$_{t+1}$ 并购后一年技术 创新产出效应	（3）*IPP*$_{t+1}$ 并购后一年技术 创新促进效应
TMA	1.3567*** （18.89）	1.5188*** （6.03）	0.2974** （1.96）
Size	0.2408*** （2.98）	0.5822** （2.06）	0.4448*** （2.78）
LEV	0.2155*** （3.65）	0.1134 （0.5）	0.2017* （1.72）
State	0.6178*** （6.95）	1.6558*** （4.45）	0.4178** （2.36）
*Top*1	0.0101*** （3.46）	–0.0200** （–2.21）	–0.0042 （–0.63）

续　表

变量	（1）IOP_t 当期技术创新 产出效应	（2）IOP_{t+1} 并购后一年技术 创新产出效应	（3）IPP_{t+1} 并购后一年技术 创新促进效应
Toptenshare	0.0058* （1.89）	0.0266** （2.29）	0.0068 （0.97）
RD_{t-1}	0.0194*** （2.91）		
RD_t		0.0170 （0.93）	0.9765*** （23.14）
year	控　制	控　制	控　制
样本量	501	453	453
F 值	141.76***	19.10***	108.06***
Adj R^2	0.4485	0.5168	0.3103

注：　"*"　"**"　"***"分别表示在 10%、5% 和 1% 水平上显著。

表 4-19　技术并购与技术创新效应（非激励组 Incentive=0）

变量	（1）IOP_t 当期技术创新 产出效应	（2）IOP_{t+1} 并购后一年技术 创新产出效应	（3）IPP_{t+1} 并购后一年技术 创新促进效应
TMA	1.2324*** （23.73）	1.2238*** （7.17）	0.1074 （0.58）
Size	0.2747 （0.49）	0.3786** （2.04）	0.5444*** （2.71）
Lev	0.1955*** （4.67）	0.4708*** （3.65）	−0.4158*** （−2.83）
State	0.0985 （1.59）	0.2864 （0.92）	0.5834** （2.54）
Top1	−0.0082*** （−3.41）	−0.0010 （−0.14）	−0.0136* （−1.83）

变量	（1）IOP_t 当期技术创新产出效应	（2）IOP_{t+1} 并购后一年技术创新产出效应	（3）IPP_{t+1} 并购后一年技术创新促进效应
Toptenshare	0.0028 （1.13）	0.0196** （2.35）	0.0218*** （2.77）
RD_{t-1}	0.0265* （1.93）		
RD_t		0.0620 （1.57）	0.9491*** （60.90）
year	控制	控制	控制
样本量	869	795	795
F 值	124.42***	15.11***	699.29***
Adj R^2	0.3328	0.3505	0.8051

注：“*”“**”“***”分别表示在 10%、5% 和 1% 水平上显著。

4.6.3　区分股权集中度

本部分将根据收购公司的第一大股东持股比例的大小进行分组，先计算出全部样本第一大股东持股比例的均值，将第一大股东持股比例高于全样本均值的设为高股权集中度组（*Ownership*=1），第一大股东持股比例低于全样本均值的设为低股权集中度组（*Ownership*=0），以检验高股权集中度组和低股权集中度组技术并购的创新效应的差异。

表 4–20 和表 4–21 分别从当期技术创新产出效应 IOP_t、并购后 1 年技术创新产出效应 IOP_{t+1} 和并购后一年技术创新促进效应 IPP_{t+1} 三个层面，具体反映高股权集中度组（*Ownership*=1）和低股权集中度组（*Ownership*=0）技术并购带来的技术创新效应的差异。从表 4–18 和表 4–19 技术并购 *TMA* 的 T 统计值可以看出，无论是高股权集中度组，还是低股权集中度组，进行技术并购都能带来显著的正面技术产出效应 *IOP*（包括当期 IOP_t 和并购后 1 年 IOP_{t+1}）；但对并购后 1 年技术创新促进效应 IPP_{t+1}，在高股权集中度组和低股权集中度组存在显著性差异。在高股权集中度组中，技术并购显著带来并购后一年的技

术创新促进效应（$T=1.96$）；而在低股权集中度组中，技术并购却未显著带来并购后 1 年的技术创新促进效应（$T=0.12$）。这说明企业高度集权对于激发企业技术并购后进行自主创新的潜力、加强研发投入，以及提升内部自主创新能力是非常有利的。在高度集权下，更易于将外部技术并购资源进行内部创新能力的转化和提升，从而实现技术并购后企业技术创新促进效应的增强。通过对比与分析高股权集中度组和低股权集中度组在其他方面的差异，我们发现，在股权性质 *State* 方面还存在显著差异。在高股权集中度组中，股权性质不显著影响技术创新产出效应（$T=0.71$，0.03）；而在低股权集中度组中，股权性质显著影响技术创新产出效应（$T=5.94$，4.59）。这说明在国有企业中，大股东股权越集中，越不利于企业创新，大股东的掏空效应明显。

表 4-20　技术并购与技术创新效应（高股权集中度组 *Ownership*=1）

变量	（1）IOP_t 当期技术创新 产出效应	（2）IOP_{t+1} 并购后一年技术 创新产出效应	（3）IPP_{t+1} 并购后一年技术 创新促进效应
TMA	1.3916*** （21.53）	1.7300*** （8.97）	0.1972** （1.96）
Size	0.0784 （1.03）	0.7168*** （3.03）	0.3167*** （2.65）
Lev	0.3121*** （5.57）	0.6316*** （3.78）	0.1589* （1.80）
State	0.0548 （0.71）	0.0087 （0.03）	0.1736 （1.43）
Toptenshare	0.0062* （1.95）	0.0137 （1.19）	0.0068*** （2.91）
RD_{t-1}	0.0050 （0.56）		
RD_t		0.0130 （0.52）	1.0568*** （77.86）
Year	控制	控制	控制
样本量	615	530	530
F 值	124.97***	20.51***	1129.44***

续　表

变量	（1）IOP_t 当期技术创新产出效应	（2）IOP_{t+1} 并购后一年技术创新产出效应	（3）IPP_{t+1} 并购后一年技术创新促进效应
Adj R2	0.3640	0.4228	0.8391

注："*""**""***"分别表示在10%、5%和1%水平上显著。

表 4-21　技术并购与技术创新效应（低股权集中度组 Ownership=0）

变量	（1）IOP_t 当期技术创新产出效应	（2）IOP_{t+1} 并购后一年技术创新产出效应	（3）IPP_{t+1} 并购后一年技术创新促进效应
TMA	1.4748*** （27.27）	1.2054*** （7.07）	0.1074 （0.12）
Size	0.3049*** （4.98）	0.3896** （2.07）	0.5444 （1.25）
LEV	0.1064** （2.39）	0.1294 （0.90）	−0.4158 （−1.54）
State	0.4211*** （5.94）	1.3443*** （4.59）	0.5834 （1.01）
Toptenshare	0.0082 （1.59）	0.0211*** （3.09）	0.0218 （0.82）
RD_{t-1}	0.0265*** （3.63）		
RD_t		0.0177 （1.26）	0.9491*** （54.01）
Year	控制	控制	控制
样本量	755	718	718
F 值	206.32***	35.07***	548.25***
Adj R^2	0.4273	0.5090	0.6769

注："*""**""***"分别表示在10%、5%和1%水平上显著。

4.6.4　区分创新知识基础

本部分将根据收购公司的创新知识基础的程度进行分组，先计算出全部样本无形资产占全部资产比重的均值，将无形资产占比高于全样本均值的设为高创新知识基础组（*HighInt*=1），无形资产占比低于全样本均值的设为低创新知识基础组（*LowInt*=0），以检验高创新知识基础和低创新基础组收购公司技术并购的创新效应的差异。

表 4-22 和表 4-23 分别从当期技术创新产出效应 IOP_t、并购后 1 年技术创新产出效应 IOP_{t+1} 和并购后一年技术创新促进效应 IPP_{t+1} 三个层面，具体反映高创新知识基础组（*HighInt*=1）和低创新知识基础组（*LowInt*=0）技术并购带来的技术创新效应的差异。从表 4-22 和表 4-23 技术并购 *TMA* 的 *T* 统计值可以看出，无论是高创新知识基础组，还是低创新知识基础组，进行技术并购都能带来显著正面的技术产出效应 *IOP*（包括当期 IOP_t 和并购后一年 IOP_{t+1}）。但是并购后 1 年的技术创新促进效应 IPP_{t+1}，在高创新知识基础组和低创新知识基础组存在显著性差异。在高创新知识基础组中，技术并购显著带来并购后 1 年的技术创新促进效应（*T*=2.23）；而在低创新知识基础组中，技术并购却未显著带来并购后 1 年的技术创新促进效应（*T*=0.39）。这说明创新知识基础较高的企业，更能充分利用自身原有技术优势，通过外部知识与内在知识相互结合，激发企业自主创新的潜力，进一步加强研发投入，以提升企业内部自主研发和技术创新能力，从而实现技术并购后企业技术创新促进效应的增强。通过对比与分析，我们发现高创新知识基础组和低创新知识基础组在股权性质 *State* 方面还存在显著差异。在高创新知识基础组中，股权性质显著影响技术创新促进效应（*T*=5.75），而在低创新知识基础组中，股权性质不显著影响技术创新促进效应（*T*=0.92）。这说明原有创新知识积累越多的国有企业，加大研发投入的意愿越显著；而在创新知识基础差的国有企业中，企业研发投入的意愿不显著。

表 4-22　技术并购与技术创新效应（高创新知识基础组 *HighInt*=1）

变量	（1）IOP_t 当期技术创新产出效应	（2）IOP_{t+1} 并购后一年技术创新产出效应	（3）IPP_{t+1} 并购后 1 年技术创新促进效应
TMA	1.3910*** （24.51）	1.5563*** （8.60）	0.3716** （2.23）

续　表

变量	（1）IOP_t 当期技术创 新产出效应	（2）IOP_{t+1} 并购后一年技术 创新产出效应	（3）IPP_{t+1} 并购后 1 年技术 创新促进效应
Size	0.1399** （2.01）	10.0569 （0.27）	0.2379 （1.26）
LEV	0.1340** （2.52）	0.2762* （1.74）	−0.2190 （−1.60）
State	0.2547*** （3.49）	0.0783 （0.27）	1.3202*** （5.75）
Top1	0.0006 （0.24）	0.0119 （1.47）	0.0423*** （4.34）
Toptenshare	0.0008 （0.30）	0.0094 （0.96）	0.0312*** （2.96）
RD_{t-1}	0.0234*** （3.43）		
RD_t		0.0208 （1.31）	0.9556*** （61.31）
Year	控　制	控　制	控　制
样本量	684	623	623
F 值	122.30***	17.74***	591.39***
Adj R^2	0.3730	0.4029	0.7470

注：“*”“**”“***”分别表示在 10%、5% 和 1% 水平上显著。

表 4-23　技术并购与技术创新效应（低创新基础组 $LowInt=0$）

变量	（1）IOP_t 当期技术创新 产出效应	（2）IOP_{t+1} 并购后一年技术 创新产出效应	（3）IPP_{t+1} 并购后1年技术 创新促进效应
TMA	1.4636*** （24.12）	1.1292*** （5.51）	0.0859 （0.39）
$Size$	0.1490** （2.21）	0.2877 （1.35）	0.1433 （0.59）
Lev	0.2347*** （4.91）	0.2331 （1.53）	−0.3395** （−1.98）
$State$	0.2870*** （3.83）	0.9832*** （3.12）	0.2576 （0.92）
$Top1$	−0.0031 （−1.13）	−0.0122* −（1.65）	−0.0240** （−2.41）
$Toptenshare$	0.0021 （0.74）	0.0258*** （2.83）	0.0233** （2.23）
RD_{t-1}	0.0081 （1.12）		
RD_t		0.0099 （0.46）	0.9178*** （55.92）
$year$	控制	控制	控制
样本量	686	625	625
F 值	155.24***	22.03***	526.12***
$Adj\ R^2$	0.4156	0.4546	0.7154

注：　"*" "**" "***" 分别表示在10%、5%和1%水平上显著。

4.7　小结

在"十三五"期间国家全面实施创新驱动发展战略的大背景下，技术并购作为一种重要的外部技术创新方式，在并购实践中发展迅猛，且主要集中在以信息技术产业为首的高技术产业和战略性新兴产业中。为了更有效地提升高科技产业的核心竞争力和促进其的长足发展，研究高科技产业上市公司的技术并购所带来的创新效应具有十分重要的现实意义。

技术并购能够给收购公司带来技术创新效应吗？什么样的公司进行技术并购更有利于促进正面的技术创新效应？不同类型的技术并购所带来的技术创新效应是否存在差异？技术并购在产权性质不同、高管激励不同、股权集中度不同和创新知识基础不同的情景下，其技术创新效应是否也存在差异？为了回答以上问题，首先，笔者选择 2009—2017 年间我国 A 股高科技产业的上市公司的并购事件作为研究对象，基于收购公司成长潜力视角，系统地考察我国高科技产业的上市公司的技术并购能否给收购公司带来技术创新效应，以及收购公司成长潜力水平对技术并购与技术创新效应两者关系的调节作用。其次，进一步从两维度（技术进入型和技术巩固型、国内技术并购和跨境技术并购）区分不同类型技术并购以检验技术并购的异质性对技术创新效应的差异。最后，拓展检验了不同产权性质、是否实施高管激励、股权集中度不同及创新知识基础不同的情景下技术并购的创新效应的差异。研究发现：①技术并购能够显著带来技术创新产出效应和技术创新促进效应；②收购公司成长潜力水平越高，技术并购带来的技术创新效应越明显。③相对于技术进入型并购，技术巩固型并购更能给收购公司带来显著的技术创新效应，而国内技术并购与跨境技术并购所带来的技术创新效应并不存在显著差异。④无论对于国有企业还是非国有企业，实施高管激励的企业还是未实施高管激励的企业，高股权集中度的企业还是低股权集中度的企业，创新知识基础高的企业还是创新知识基础差的企业，在企业技术创新产出效应上都不存在显著差异，只在并购后 1 年的技术创新促进效应上存在显著差异。相比国有企业，非国有企业进行技术并购能显著带来并购后 1 年的技术创新促进效应；相比未实施高管激励的企业，实施高管激励的企业进行技术并购能显著带来并购后 1 年的技术创新促进效应；相比低股权集中度的企业，高股权集中度的企业进行技术并购能显著带来并购后 1 年的技术创新促进效应；相比低创新知识基础的企业，高创新知识基础的企业进行技术并购能显著带来并购后 1 年的技术创新促进效应。

通过对高科技产业上市公司进行技术并购所带来的技术创新效应的研究，我们可以得出以下研究启示。

（1）高科技产业上市公司需要合理权衡采用自主技术创新还是外部技术创新方式。对于一些内部研发周期长的项目，可以选择技术并购的外部技术创新方式来提升其技术创新能力。温成玉和刘志新（2011）认为，技术并购作为一种重要的外部技术创新方式，更易于让收购方突破技术障碍，获取目标企业的多样化技术。因此，对于高科技产业公司而言，技术并购是一种十分重要的、可行的外部技术创新方式。它不仅能够让收购公司快速获取新技术、新产品等新的创新资源，还能促进收购公司自身持续创新能力的提升。因此，高科技上市公司应该审时度势，抓住一切外来的可以提升创新能力的机会。对于公司产品研发项目，合理权衡内部自主技术创新与外部技术创新，适时做出技术并购决策，不断提升自身创新水平和核心竞争力，最终实现公司的长远发展和进步。

（2）高成长潜力的收购公司更应该选择技术并购的外部技术创新方式。本章研究发现，收购公司成长潜力水平越高，技术并购带来的技术创新效应越显著，这说明高成长潜力的公司一般都具备较强的技术吸收能力和较高的创新效率。一旦高成长潜力的收购公司做出技术并购的决策来获取目标公司的新技术或新产品，由于其自身较强的吸收能力和较高的创新效率的作用，收购公司能够对此快速做出响应。其能够快速地学习和吸收所获取的核心技术的攻关部分，并在较短时间内将外部技术转化成自主创新和研发能力，在其技术并购后不断给收购公司带来技术上的突破。因此，笔者认为，具备高成长潜力的收购公司应采用技术并购这种外部技术创新方式。通过技术并购，不仅可以快速获取新技术和新产品，还能充分利用自身的创新资源和团队加速后续新技术或新产品的自主研发和创新，带来自身自主技术创新能力和创新效率的螺旋式上升。

（3）高科技产业上市公司应该选择技术巩固型并购。相对技术进入型并购，技术巩固型并购由于与目标公司的技术战略相匹配，技术差距相差不大，技术关联度较高，因此，其收购目标公司后的技术创新风险较低，且见效快，能够更好地实现收购公司与目标公司的技术协同，因而技术巩固型并购能够给收购公司带来显著的技术创新效应。因此，对于高科技产业上市公司来说，在进行技术并购之前，应慎重选择技术并购目标，这是决定技术并购能否带来显著技术创新效应的关键。收购公司应尽量选择与自身处于同行业或上下游关系紧密的企业作为技术并购的范围，再认真调研各个拟并购对象，分析判断其与自身公司的技术战略是否匹配，技术关联度如何，是否能够对自身现有技术进行有效补充和巩固，以便更好地实现技术协同，从而给公司带来正面持续的技术创新效应。

（4）对于高科技国有上市公司，应进一步推行和完善高管激励制度，重视知识技术的学习吸收，以促进国有收购公司技术并购后其创新能力的内部转化，不断激发国有收购公司持续自主创新的潜力和能力。

从前文研究发现，国有企业进行技术并购不能显著带来并购后1年的技术创新促进效应，而研究高管激励组和非激励组的差异发现，实施高管激励的企业进行技术并购能显著带来并购后 1 年的技术创新促进效应。因此，本书认为，国有企业之所以不能显著带来并购后 1 年的技术创新促进效应，很有可能是高管激励不到位或代理问题等导致的。因而，国有企业应进一步推行和完善高管激励制度，有效杜绝因代理问题给国有企业带来的不良经济后果，使国有企业能够充分利用技术并购这种重要的外部技术并购方式，努力学习新知识并消化吸收，加快促进企业自主研发和提升其创新能力，不断提升国有收购公司的核心竞争力。

第5章 技术并购对盈余持续性的影响研究
——基于技术创新中介效应的检验

本章在前述研究技术并购的创新效应的基础上，进一步研究技术并购是否会通过技术创新的中介效应去传导影响盈余持续性。本章将重点研究技术并购对收购公司盈余持续性的影响，并检验前者对后者的影响是否通过技术创新效应（本章表述为技术创新绩效）发挥中介效应，且其中介效应是否受到收购公司成长潜力的调节影响；并进一步区分产权性质、高管激励和股权集中度对技术并购影响盈余持续性的差异及技术创新效应的中介传导路径的差异进行拓展研究。

盈余持续性是高质量盈余的一个非常重要的属性和特征，它是公司未来盈利能力和企业价值增长的重要衡量标志，是企业管理者、投资者及其他利益相关者进行相关决策的重要依据。获取较高盈余持续性是企业追求财富持续增长的基本目标。有哪些因素会影响企业的盈余持续性，学术界近年来一直致力于这方面的研究。学者们从会计系统信息角度（如盈余结构、会计政策选择）、经营战略角度（多元化、研发及竞争战略）和公司治理角度（如机构投资者、高管能力、大股东代理成本及内部控制质量）等角度进行了深入的研究，但发现鲜有文献研究技术并购与盈余持续性的关系。

党的十九大提出，必须依靠创新驱动培育新的经济增长点。可见，企业技术创新是实现企业利润持续增长和国家可持续发展的重要手段和途径。Grandstrand（2005）的研究认为，技术并购是企业获取外部技术创新的重要方式。由于其具备快速获取外部技术成果的独特优势，因此在实践中受到众多企业的青睐。波士顿咨询公司2017年企业并购报告《技术并购引领全球企业并购的潮流》中披露，技术并购的交易额已达到全球并购总交易额的将近1/3之多。

我国早期研究技术并购的研究成果主要集中在技术并购对单一或多个指标合成的财务绩效的影响，多数研究表明，技术并购对企业绩效产生显著正向影响，但由于缺乏两者关系的传导路径研究，因此，研究结论让人难以信服。随后大量文献研究了技术并购与技术创新绩效的关系。然而，现有的研究只关注技术并购对创新绩效的影响，忽视了技术创新只是企业创造持续盈余的一种重要手段。技术创新能否发挥中介传导作用，将技术创新绩效转化为企业持续的内在盈利能力，最终促进企业盈余持续性的增长，这正是本章要探讨的问题。

综上所述，本章试图解答以下 4 个问题：①我国技术并购究竟有没有提升收购公司的盈余持续性呢？②技术创新绩效是否能够发挥技术并购影响收购公司盈余持续性的中介效应？③技术创新绩效的中介效应是否受到收购公司成长潜力的调节影响？④在不同产权性质、高管激励和股权集中度的情况下，技术并购与盈余持续性的关系是否存在差异，技术创新发挥中介效应传导的路径是否也会存在差异？为了回答以上几个问题，笔者选择我国高科技产业上市公司发生的并购事件作为研究对象，实证考察技术并购、技术创新绩效和盈余持续性三者的关系。本章的主要贡献在于：①研究技术并购对收购公司盈余持续性的影响，获取了两者关系的实证证据，对现有盈余持续性影响因素的研究进行了有益的补充与完善。②不同于现有研究技术并购与创新绩效的文献，本章进一步加强探索进行研究，以技术创新绩效的中介效应为视角，同时分析了收购公司成长潜力对中介作用的调节效应，研究技术并购与收购公司盈余持续性的关系，揭示技术并购通过技术创新绩效路径对盈余持续性的影响机制及作用机理。这将延伸和拓展现有技术并购、技术创新绩效和盈余持续性的理论研究。③将技术创新绩效区分为技术创新产出绩效和技术创新促进绩效两维度来检验其中介效应，并考虑了并购后 1 年的创新产出效应和创新促进效应，更加全面地检验了技术创新绩效对技术并购影响盈余持续性的中介传导路径和作用机理。④区分产权性质、高管激励和股权集中度，揭示了在不同组别中技术并购影响盈余持续性的差异及技术创新效应中介传导路径的差异和影响机理。

5.1　理论分析与研究假设

从早期研究技术并购的文献来看，技术并购就是为了获取技术或有价值的技术资源，以此提升收购企业自身的研发能力和创新能力，提升自身竞争优势的一种战略性的决策行为。而技术是企业保持盈利持续增长的最为关键的资源。于成永（2012）和胥朝阳（2013）的研究发现，技术并购能够提升企业的创新能力，增加企业绩效。

从盈余持续性的文献研究来看，徐浩峰等（2011）、周兵等（2018）及胡楠等（2020）认为，企业的竞争力和竞争战略会对企业盈余持续性产生显著影响。根据 Port（1980，2008）、Treacy 和 Wiersema（1995）的研究，企业实行产品差异化和产品领先化战略，能够创造门槛效应。技术含金量高的产品，由于其门槛效应很高，产品不容易被模仿或替代，因此将减少竞争对手的竞争，能够保持企业在行业的竞争优势地位，不断巩固和扩大企业的市场占有率，从而保持企业的盈利能力持续稳定增长。同时，有许多文献研究表明，研发投入水平与企业超额收益的持续性呈显著正相关关系的研究发现，研发投入产生的净收益中，有56%持续累积在企业的未来净收益中。Jung和Sambock（2016）的研究也证明，企业的研发优势能够产生持续的未来收益。

以上文献的分析表明，技术并购是收购公司获取外部技术以提升自身研发能力与独特竞争优势的重要途径。企业有了技术优势，能够增强自身的研发能力，不断提供差异化和领先化的产品，给客户带来超值体验和享受，从而不断增加企业的市场份额和市场占有率，最终提升企业的内在持续盈利能力，表现出更高的企业盈余持续性。根据上述研究分析，提出如下研究假设：

H1：技术并购会显著提升收购公司的盈余持续性。

已有多个文献研究表明，技术并购能够给企业带来显著的技术创新绩效。既有文献是从不同角度去研究两者的关系的。如从技术知识基础角度去研究技术并购对技术创新绩效的影响，发现技术并购对收购公司的创新绩效产生显著正向影响，技术并购能够增强企业的持续创新能力；从技术吸收能力的角度去研究两者的关系，认为企业的技术吸收能力越强，技术并购的正面创新绩效就越显著；从技术相关性和技术差距的角度去研究两者的关系，研究认为，技术并购对收购公司并购后的创新绩效起到正向促进作用；从并购成熟度等三个不同角度，检验了其对创新绩效的影响；从收购公司成长潜力的视角去研究两者的关系，发现技术并购不仅给收购公司直接带来技术创新产出绩效，还能给收购公司带来技术创新促进绩效。

以上的分析表明，技术并购能够提升收购公司的技术创新绩效。技术并购不仅能让收购公司迅速取得标的公司的新技术，提升企业的技术创新产出绩效；技术并购还能促使收购公司加大研发投入，持续提升自身创新能力，从而不断提升企业的技术创新促进绩效。根据上述研究分析，提出如下研究假设：

H2：技术并购会显著提升收购公司的技术创新绩效。

H2a：技术并购会显著提升收购公司的技术创新产出绩效。

H2b：技术并购会显著提升收购公司的技术创新促进绩效。

我国早期研究技术并购的文献主要集中在技术并购对单一指标或多个指标合成的财务绩效的影响上，多数研究表明技术并购对企业绩效产生显著正向影响，由于缺乏两者关系的传导路径研究，研究结论让人难以信服。2011年国家

"十二五"规划出台后，我国开始出现研究技术并购与技术创新绩效关系的理论成果，从假设 2 的文献分析可以看出，技术并购能够显著提升企业的技术创新绩效。杨青和周绍妮（2019）从两个维度去界定技术创新绩效，研究发现，技术并购不仅给收购公司带来了技术创新产出绩效，还能给收购公司带来技术创新促进绩效。因此，技术并购能够提升企业的自身研发投入水平和研发能力。对于企业来说，技术创新不是最终目的，而是企业实现财富不断增长的一种重要的有效手段。企业进行技术创新，不断增加研发投入，目的是为了实现企业盈余的持续增长和企业价值的持续增加。从假设 1 的文献分析可以看出，许多文献研究证明，研发投入水平与企业超额收益的持续性呈显著正相关关系，企业的研发优势能够产生持续的未来收益。

以上文献的分析表明，技术并购能够提升企业的技术创新绩效，而代表着企业研发投入水平和创新能力的企业技术创新绩效又能对企业盈余持续性产生正面显著影响。本章内容表明，技术并购能够提升两维度的技术创新绩效，且通过两维度的技术创新绩效进一步转化为企业内在持续的盈利能力，从而最终提升收购公司的盈余持续性。根据上述研究分析，提出如下研究假设：

H3：技术创新绩效是技术并购对盈余持续性影响机制中的中介变量。

根据吸收能力理论，企业吸收能力的大小会直接影响企业吸收外部技术资源进行内在转化的效果。吸收能力强的企业，易于将外部的技术知识资产进行有效的学习利用和吸收转化，从而转变成自身的技术优势，以提升技术并购后的创新绩效。Ahuja 和 Katila（2001）、Fabrizio（2009）、Darroch 和 McNaughton（2011）、谢伟和孙忠娟（2011）、胡雪峰和吴晓明（2015）的研究一致认为，收购公司的成长性和其吸收外部技术创新能力的大小存在很强的正向关系。成长性好、成长潜力高的企业，其吸收外部技术创新的能力一般也较强，能更高效地学习利用和吸收转化技术并购所获取的外部技术，从而产生更大的技术创新绩效，进而转化为企业持续的内在盈利能力，实现企业盈余持续性的增长。一般来说，成长潜力较高的公司往往表现为企业创新效率和创新能力较强。Bena 和 Li（2014）、Entez-arkheir 和 Moshiri（2016a）、韩宝山（2017）的研究认为，收购公司的创新能力越强，其创新效率越高，技术创新绩效就越明显；而技术创新绩效则更快速地转化为企业的盈余并积累沉淀，保持企业盈余持续性的不断增长。

通过以上文献的分析，我们发现成长潜力较高的公司，由于其拥有明显高于其他企业的较强的技术吸收能力、创新能力，以及较高的创新效率，因此，能够显著提升收购公司技术并购后的技术创新绩效，从而增强企业的盈余持续性。即技术创新绩效的中介效应受到了收购公司成长潜力的调节。根据上述研究分析，我们提出如下研究假设：

H4：技术创新绩效的中介效应受到收购公司成长潜力的调节。

本章的研究模型如图5-1所示。

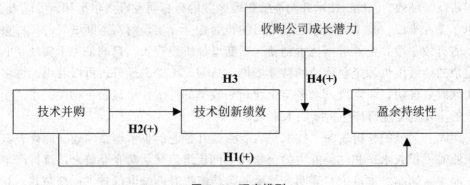

图5-1　研究模型

5.2　研究设计

5.2.1　样本选择及数据来源

选择2009—2017年我国高科技产业[①]A股上市公司的并购事件作为研究对象。具体选择新一代信息技术产业I，新能源产业C25，新材料产业C26，生物医药产业C27，高端装备制造产业C35、C37、C38、C39、C40，新能源汽车C36，节能环保产业N77，高技术服务业M共4个大类、12个小类作为全部样本。为了准确测算收购公司的盈余持续性，保留了样本公司并购当年及非并购年份的数据，筛除了ST公司和数据资料不全的样本，最后获取了并购总样本的观测值4310个，其中，技术并购样本观测值为1866个，并购后1年样本观测值3679个。

并购样本数据来自国泰安"并购重组数据库"。技术并购数据是依据收购公司披露的年报、并购公告及证券交易所官网等披露的公开信息，手工收集获取；专利数据是依据国泰安专利数据库和国家知识产权局专利检索系统比对后，手工整理获取；收购公司会计盈余、研发投入强度等财务数据来自国泰安数据库。

---

① 高科技产业的选择：根据《战略性新兴产业分类》、高技术产业（制造业）分类（2017）和高技术产业（服务业）分类（2018），再比照中国证监会《上市公司行业分类指引》（2012）的行业划分，具体选择了4个大类、12个小类作为研究样本。

5.2.2　模型设置

借鉴温忠麟（2006）、卫旭华等（2015）等的研究方法，按照有调节的中介效应的四步回归方法，构建了以下四个中介效应模型，以检验技术并购 *TMA* 对盈余持续性的影响，及技术并购 *TMA* 是否通过技术创新绩效 *IP* 的中介作用而影响收购公司的盈余持续性，且技术创新绩效 *IP* 的中介效应还受到收购公司的成长潜力 *GP* 的调节。

模型1：
$$Earning_{it+1} = \alpha_0 + \alpha_1 Earning_{it} + \alpha_2 Earning_{it} \times TMA + \\ \alpha_3 TMA + \alpha_4 Earning_{it} \times GP + \alpha_5 GP + \sum Control + \varepsilon_{it} \tag{5-1}$$

模型2：
$$IP = \alpha_0 + \alpha_1 TMA + \alpha_2 GP + \sum Control + \varepsilon_{it} \tag{5-2}$$

模型3：
$$Earning_{it+1} = \alpha_0 + \alpha_1 Earning_{it} + \alpha_2 Earning_{it} \times \\ TMA + \alpha_3 TMA + \alpha_4 Earning_{it} \times GP + \\ \alpha_5 GP + \alpha_6 Earning_{it} \times IP + \alpha_7 IP + \\ \sum Control + \varepsilon_{it} \tag{5-3}$$

模型4：
$$Earning_{it+1} = \alpha_0 + \alpha_1 Earning_{it} + \alpha_2 Earning_{it} \times TMA + \\ \alpha_3 TMA + \alpha_4 Earning_{it} \times GP + \alpha_5 GP + \\ \alpha_6 Earning_{it} \times IP + \alpha_7 IP + \alpha_8 Earning_{it} \times \\ GP \times IP + \sum Control + \varepsilon_{it} \tag{5-4}$$

根据研究假设，如果有调节的中介效应假设成立，模型 1 中的系数 α_2 应显著为正，模型 2 中的系数 α_1 应显著为正，模型 3 中的系数 α_6 应显著为正；若系数 α_2 显著为正，则说明 *IP* 起部分中介作用。模型 4 中的系数 α_6 应显著为正，α_8 应显著为负。

5.2.3　变量定义

1. 被解释变量

Earning 代表会计盈余，t 表示会计年度，$Earning_{it+1}$ 和 $Earning_{it}$ 为被解释变量，分别为 i 公司在 $t+1$ 年和 t 年的营业利润，为消除规模效应，各年盈余都除以当年期末总资产。

笔者认为，将盈余的自回归系数作为盈余持续性的衡量将更直接和客观。通过借鉴 Sloan（1996）、窦欢和陆正飞（2017）、徐高彦和王晶（2020）的方法，采用 OLS 回归分析构建了技术并购与公司盈余持续性的线性一阶自回归实证检验模型，以检验技术并购对盈余持续性产生的影响，见模型（5-1）。

模型中的 α_1 表示的是盈余的自回归系数，反映的是盈余持续性的大小。

2. 解释变量

TMA 为技术并购解释变量，若发生技术并购，则 TMA=1，否则为 0。

借鉴 Ahuja 和 Katila（2001）、温成玉和刘志新（2011）、杨青和周绍妮（2019）的技术并购的判定方法，认为满足以下条件之一则可判断该并购属于技术并购：一是如果收购公司披露的并购公告中存在诸如并购目的是为获取技术或专利、新产品或技术人才等都可认定为技术并购；二是假设无法直接获取前述资料，如果被收购公司在并购时间前 5 年之内拥有专利技术，则也可认定此并购为技术并购。若模型（5-1）系数 α_2 显著为正，则说明技术并购公司盈余持续性显著高于非技术并购盈余持续性，进而说明技术并购后收购公司的盈利持续性更强。

3. 中介变量

IP 为技术创新绩效中介变量，借鉴杨青和周绍妮（2019）的观点，将其分为技术创新产出绩效 IOP 和技术创新促进绩效 IPP 两个维度。技术创新产出绩效 IOP 主要是反映技术并购后收购公司的直接创新产出，用技术并购后收购公司的专利申请数加 1 后的对数来度量；技术创新促进绩效 IPP 主要是反映技术并购后对收购公司研发投入的间接促进作用，用技术并购后研发投入强度来度量。

4. 调节变量

GP 为调节变量，表示收购公司的成长潜力水平的大小，具体采用账面价值 / 市场价值来计算。GP 值越大，表示收购公司成长潜力水平越低。

5. 控制变量

另外，根据前人的研究，还选择了 Size、Lev、State 等控制变量。具体变量详见表 5-1 所列。

表 5-1　变量定义表

变量类别	变量名	变量定义
被解释变量	$Earning_{it+1}$	表示 i 公司在 t+1 年的营业利润，采用营业利润$_{t+1}$/ 期末总资产来计算
	$Earning_{it}$	表示 i 公司在 t 年的营业利润，采用营业利润$_t$/ 期末总资产来计算
解释变量	TMA	是否为技术并购，若是技术并购，则 TMA 取 1，否则为 0

续　表

变量类别	变量名	变量定义
中介变量	IP	技术创新绩效，包括技术创新产出绩效和技术创新促进绩效
	IOP	技术创新产出绩效，采用专利申请数加 1 后的对数来计算
	IPP	技术创新促进绩效，采用研发投入强度，即研发投入 / 营业收入来计算
调节变量	GP	收购公司成长潜力水平，采用账面价值 / 市场价值来计算
控制变量	Size	公司规模，用当期期末总资产的自然对数计算
	Lev	负债水平，用当期期末总负债的自然对数计算
	State	产权性质，国有企业 =1，否则为 0
	Top1	当期期末公司第一大股东持股比例
	Toptenshare	当期期末公司前十大股东持股比例
	Rev	当期营业收入 / 期末总资产
	Labor	员工数量的自然对数
	MAprice	并购交易价格 / 期末总资产
	Dual	是否两职合一，两职合一取 1，否则取 0

5.3　实证结果与分析

5.3.1　描述性统计

变量的描述性统计详见表 5-2 所列。

表 5-2　主要变量的描述性统计

变量	均值	标准差	最小值	中位数	最大值
$Earning_{t+1}$	0.0374	0.1000	−1.5156	0.0382	4.5968
$Earning_t$	0.0448	0.0943	−3.8831	0.0464	0.4616

变量	均值	标准差	最小值	中位数	最大值
TMA	0.4329	0.4954	0	0	1
IOP_t	3.1130	1.4675	0.0000	2.9957	9.0686
IOP_{t+1}	3.2802	1.6186	0.0000	3.1355	8.7253
IPP_t	5.4922	4.6785	0.0800	4.2600	41.0700
IPP_{t+1}	5.5966	5.4251	0.1000	4.1100	51.1300
GP	0.6631	0.7072	0.0298	0.4657	6.7177
$Size$	21.8542	1.2413	16.1613	21.7305	27.3080
Lev	20.7168	1.6708	15.0321	20.6699	26.8347
$State$	0.3179	0.4657	0	0	1
$Top1$	33.8448	14.2261	7.3400	31.8000	87.4600
$Toptenshare$	58.3740	13.7666	19.9200	59.2500	97.1200
Rev	0.5240	0.2808	0.0371	0.4516	2.6027
$Labor$	7.7849	1.2004	4.0943	7.6391	12.0825
$MAprice$	0.0667	0.8191	0.0000	0.0047	36.6666
$Dual$	0.2660	0.4419	0	0	1

　　从 $Earning_{t+1}$ 和 $Earning_t$ 的最大值和最小值来看，收购公司的会计盈余差异较大。TMA 的均值为 0.4329，表明技术并购的样本只占全部样本的 4 成左右。从 IOP、IPP 和 GP 的极值可以看出，收购公司的技术创新绩效和成长潜力水平都存在较大差别，从 GP 的中位数和均值可以看出，绝大多数收购公司的成长潜力处于较高水平。$State$ 的均值为 0.3178，这说明样本公司的国有企业占比不大，非国有企业占比较大。从 $Top1$ 的最小值、最大值来看，收购公司的第一大股东持股比例存在较大差异；从均值和中位数来看，大部分样本公司的第一大股东持股比例达 30% 以上。从 $Toptenshare$ 最小值、最大值来看，收购公司的前十大股东的持股比例也存在较大差异；从均值和中位数来看，大

部分样本公司的前十大股东持股比例接近 60%。从 *Rev* 的最小值和最大值来看，收购公司的营业收入存在较大差异；从 *Rev* 均值和中位数来看，大部分公司的营业收入占公司总资产的一半左右。从 *MAprice* 的均值和中位数来看，收购公司的并购交易价格总体水平偏低，交易价格平均占公司总资产的 7% 左右。从 *Dual* 的均值和中位数来看，两值合一比例不高。

5.3.2 回归结果及分析

1. 对模型 1 与 2 回归结果分析

模型 1 与 2 的回归结果见表 5-3 所列。第一列回归为盈余自回归的基本模型，从 $Earning_{it}$ 的回归系数来看，只有 0.4272，说明并购公司整体的盈余持续性不强。第二列模型 1 为技术并购对盈余持续性的影响模型，从 $Earning_{it} \times TMA$ 的系数来看，技术并购在 1% 的水平上显著正面影响了收购公司的盈余持续性，从 $Earning_{it}$ 的回归系数也可以看出，技术并购显著提升了收购公司的盈余持续性，盈余系数由基本模型的 0.4272 提升到了 0.4717，这说明技术并购公司盈余持续性显著高于非技术并购公司盈余持续性，进而说明技术并购后收购公司的盈利持续性得到了提升。模型 1 这两列回归结果支持了本章的研究假设 H1。

表 5-3 模型 1 与 2 的回归结果

变量	基本模型 盈余持续性	模型 1 盈余持续性	模型 2 当期创新产出绩效 IOP_t	模型 2 并购后一年创新产出绩效 IOP_{t+1}	模型 2 并购后一年创新促进绩效 IPP_{t+1}
$Earning_{it}$	0.4272*** （30.61）	0.4717*** （18.71）			
$Earning_{it} \times TMA$		0.1654*** （6.57）			
$Earning_{it} \times GP$		−0.2068*** （−8.18）			
TMA		0.0069*** （3.29）	1.4142*** （39.49）	1.4835*** （11.95）	0.4949*** （2.64）

续 表

变量	基本模型 盈余持续性	模型1 盈余持续性	模型2 当期创新产出绩效 IOP_t	模型2 并购后一年 创新产出绩 效 IOP_{t+1}	模型2 并购后一年 创新促进绩 效 IPP_{t+1}
GP		-0.0145^{***} （-7.65）	-0.0551^{*} （-1.91）	-0.3938 （-0.29）	-0.8017^{***} （-4.81）
$Size$	0.0308^{***} （10.97）	0.0305^{***} （11.12）	0.2529^{***} （6.63）	0.2850^{**} （2.09）	1.3101^{***} （6.27）
Lev	-0.0238^{***} （-12.15）	-0.0215^{***} （-11.15）	0.1310^{***} （4.50）	0.1107 （1.10）	-1.5010^{***} （-9.60）
$State$	-0.0145^{***} （-5.62）	-0.0121^{***} （-4.76）	0.2210^{***} （5.21）	0.4285^{**} （2.43）	0.7274^{***} （3.10）
$Top1$	0.0005^{***} （6.08）	0.0005^{***} （5.69）	-0.0021^{*} （-1.73）	-0.0132^{**} （-2.55）	-0.0344^{***} （-5.20）
$Toptenshare$	0.0004^{***} （4.72）	0.0004^{***} （5.28）	0.0021 （1.29）	0.0115^{**} （1.99）	0.0089^{*} （1.73）
Rev	0.0381^{***} （10.08）	0.0360^{***} （9.68）			
$Labor$	0.0009 （0.62）	0.0028^{**} （1.99）			
$MAPrice$	-0.0001 （-0.06）	-0.0007 （-0.69）			
$Dual$	-0.0047^{**} （-2.19）	-0.0048^{**} （-2.29）			
常数项	-0.2417^{***} （-7.62）	-0.1981^{***} （-7.08）	-5.8691^{***} （-8.48）	-10.7661^{***} （-3.64）	-9.1545^{***} （-4.41）
样本量	4310	4310	4310	3679	3679
F 值	165.23^{***}	140.82^{***}	147.92^{***}	46.42^{***}	45.38^{***}
$Adj\ R^2$	0.4861	0.5185	0.4732	0.4093	0.1112

注："***""**""*"分别表示在1%、5%和10%水平上显著。

表 5-3 中，模型 2 第一、二列为技术并购影响技术创新产出绩效的回归结果，从 *TMA* 的系数来看，技术并购在 1% 的水平上显著提升了技术创新产出绩效 *IOP*（包括当期技术创新产出绩效 IOP_t 和并购后 1 年技术创新产出绩效 IOP_{t+1}），这支持了假设 H2a。模型 2 第三列为技术并购影响技术创新促进绩效的回归结果，从 *TMA* 的系数来看，技术并购同样显著提升了技术创新促进绩效 IPP_{t+1}，且在 1% 的水平上显著，这支持了假设 H2b。模型 2 这三列回归结果支持了本章的研究假设 H2。这也和上一章的技术并购的创新效应的研究结论保持了一致。

2. 对模型 3 与 4 的回归结果分析

由上述模型 2 研究发现，技术并购会显著提升当期技术创新产出绩效 IOP_t、并购后一年技术创新产出绩效 IOP_{t+1} 和并购后 1 年技术创新促进绩效 IPP_{t+1}，因此，模型 3 将验证这三个层面的技术创新产出绩效是否能够发挥中介传导作用去影响收购公司的盈余持续性。

模型 3 与 4 的回归结果见表 5-4 所列。

表 5-4　模型 3 与 4 的回归结果

变量	IOP_t 中介模型 3	IOP_{t+1} 中介模型 3	IPP_{t+1} 中介模型 3	IOP_t 调节中介模型 4	IPP_{t+1} 调节中介模型 4
$Earning_{it}$	0.6096*** (16.47)	0.6143*** (16.50)	0.5226*** (15.50)	0.6180*** (16.91)	0.6533*** (17.48)
$Earning_{it} \times TMA$	0.2443*** (8.29)	0.4123*** (3.67)	0.0753*** (2.59)	0.2279*** (7.76)	0.0753** (2.52)
$Earning_{it} \times GP$	−0.2115*** (−8.40)	−0.4924*** (−4.80)	−0.1551*** (−5.87)	−0.0887 (−1.34)	−0.1554*** (−3.94)
TMA	0.0108*** (4.45)	0.0268*** (2.81)	0.0034 (1.49)	0.0095*** (3.94)	0.0034 (1.44)
GP	−0.0155*** (−8.16)	−0.0367*** (−4.92)	−0.0183*** (−7.99)	−0.0156*** (−8.38)	−0.0183*** (−7.97)
IOP_t	0.0029*** (3.13)			0.0009 (0.91)	
IOP_{t+1}		0.0098** (2.39)			

变量	IOP_t 中介模型 3	IOP_{t+1} 中介模型 3	IPP_{t+1} 中介模型 3	IOP_t 调节中介模型 4	IPP_{t+1} 调节中介模型 4
IPP_{t+1}			0.0001 （0.57）		0.0001 （0.47）
$Earning_{it} \times IOP_t$	0.0559*** （5.08）			0.0552*** （5.01）	
$Earning_{it} \times IOP_{t+1}$		0.0781 （1.06）			
$Earning_{it} \times IPP_{t+1}$			0.0061*** （6.58）		0.0062*** （6.61）
$Earning_{it} \times GP \times IOP_t$				−0.0861*** （−4.85）	
$Earning_{it} \times GP \times IPP_{t+1}$					−0.1105*** （−4.98）
$Size$	0.0301*** （11.00）	0.0295*** （3.39）	0.0283*** （9.59）	0.0311*** （11.38）	0.0283*** （9.56）
Lev	−0.0214*** （−11.14）	−0.0176*** （−2.71）	−0.0208*** （−10.10）	−0.022*** （−11.55）	−0.0208*** （−10.09）
$State$	−0.0127*** （−5.02）	−0.0322** （−2.27）	−0.0087*** （−3.06）	−0.012*** （−4.77）	−0.0087*** （−3.06）
$Top1$	0.0004*** （5.31）	0.0001 （0.68）	0.0005*** （5.78）	0.0004*** （5.12）	0.0005*** （5.78）
$Toptenshare$	0.0004*** （5.21）	0.0002 （1.01）	0.0005*** （5.57）	0.0004*** （5.02）	0.0005*** （5.55）
Rev	0.0374*** （10.03）	0.0753*** （5.73）	0.0340*** （7.69）	0.0385*** （10.38）	0.0340*** （7.69）
$Labor$	0.0030** （2.15）	0.0040 （1.03）	0.0042*** （2.82）	0.0026* （1.87）	0.0043*** （2.82）
$MAPrice$	−0.0004 （−0.40）	−0.0280 （−1.20）	−0.0013 （−1.30）	−0.0007 （−1.63）	−0.0013 （−1.29）

续　表

变量	IOP_t 中介模型 3	IOP_{t+1} 中介模型 3	IPP_{t+1} 中介模型 3	IOP_t 调节中介模型 4	IPP_{t+1} 调节中介模型 4
Dual	−0.0045** （−2.14）	−0.0044 （−0.84）	−0.0046** （−2.11）	−0.0043** （−2.06）	−0.0046** （−2.11）
常数项	−0.1995*** （−7.06）	−0.1851* （−1.95）	−0.1541*** （−5.06）	−0.209*** （−7.39）	−0.1541*** （−5.02）
样本量	4310	3679	3679	4310	3679
F 值	128.14***	11.46***	112.87***	143.84***	136.63***
Adj R^2	0.5246	0.5555	0.5433	0.5293	0.5761

注："***""**""*"分别表示在 1%、5% 和 10% 水平上显著。

表 5-4 中，模型 3 第一列为技术并购、当期技术创新产出绩效 IOP_t 共同影响盈余持续性的回归结果，第二列为从技术并购、并购后 1 年技术创新产出绩效 IOP_{t+1} 共同影响盈余持续性的回归结果，从第一列的 $Earning_{it} \times TMA$ 和 $Earning_{it} \times IOP_t$ 的系数来看，技术并购和技术创新产出绩效 IOP_t 均在 1% 的水平上显著提升了收购公司的盈余持续性，且从 $Earning_{it}$ 的系数来看，从模型 1 的 0.4717 提高到了 0.6096，这充分说明模型加入了当期技术创新产出绩效 IOP_t 这个中介变量后，收购公司的盈余持续性增强了，当期技术创新产出绩效显著提升了收购公司的盈余持续性。但从第二列的 $Earning_{it} \times IOP_{t+1}$ 的系数来看，技术创新产出绩效 IOP_{t+1} 并未显著发挥技术并购影响盈余持续性的中介传导作用。因此，从技术创新产出绩效层面来看，技术并购只是通过当期技术创新产出绩效 IOP_t 来发挥中介传导作用，去提升收购公司的盈余持续性。

表 5-4 中，模型 3 第三列为技术并购、并购后 1 年技术创新促进绩效 IPP_{t+1} 共同影响盈余持续性的回归结果，从 $Earning_{it} \times TMA$ 和 $Earning_{it} \times IPP_{t+1}$ 的系数来看，技术并购当期和并购后 1 年技术创新产出绩效 IPP_{t+1} 分别都在 1% 的水平上显著提升了盈余持续性，且从 $Earning_{it}$ 的系数来看，从模型 1 的 0.4717 提高到了 0.5226，这充分说明模型加入了并购后 1 年技术创新促进绩效 IPP_{t+1} 这

个中介变量后，收购公司的盈余持续性增强了，并购后 1 年技术创新促进绩效 IPP_{t+1} 显著提升了收购公司的盈余持续性。因此，从技术创新促进绩效层面来看，技术并购是通过并购后 1 年技术创新促进绩效 IPP_{t+1} 来发挥中介传导作用去提升收购公司的盈余持续性。结合之前的模型 1、2，模型 3 的第一列和第三列回归结果支持了本章的研究假设 H3，技术创新绩效是技术并购对盈余持续性影响机制中的中介变量。

由上述模型 3 的研究发现，技术并购具体是通过当期技术创新产出绩效 IOP_t 和并购后一年技术创新促进绩效 IPP_{t+1} 的双重传导路径发挥中介效应去影响收购公司的盈余持续性。因此，模型 4 将验证这双重传导路径的调节中介效应。

表 5–4 中，模型 4 第一列为 IOP_t 当期技术创新产出绩效的调节中介效应模型的回归结果，即技术并购 TMA、当期技术创新产出绩效 IOP_t 及其与收购公司成长潜力 GP 的交乘项三者共同影响盈余持续性的回归结果，从 $Earning_{it} \times TMA$ 和 $Earning_{it} \times IOP_t$ 的系数来看，技术并购、技术创新产出绩效仍然在 1% 的水平上显著提升了盈余持续性；从 $Earning_{it} \times GP \times IOP_t$ 的交乘项系数来看，由于 GP 越小，其表示收购公司成长潜力越大，因此其系数为负且在 1% 的水平上显著，表示收购公司成长潜力越大，当期技术创新产出绩效 IOP_t 与调节变量 GP 的交乘项越能增强收购公司的盈余持续性，这说明当期技术创新产出绩效 IOP_t 中介变量对收购公司盈余持续性的影响受到收购公司成长潜力的显著调节作用。且从 $Earning_{it}$ 的系数来看，从模型 3 的 0.6096 提高到了 0.6180，这充分说明模型加入了技术创新产出绩效与收购公司成长潜力的交乘项之后，收购公司的盈余持续性得到了增长，再次验证了有调节的中介变量的加入增强了收购公司的盈余持续性。

模型 4 第二列为 IPP_{t+1} 并购后 1 年技术创新促进绩效的调节中介效应模型的回归结果，即技术并购 TMA、并购后 1 年技术创新促进绩效 IPP_{t+1} 及其与收购公司成长潜力 GP 的交乘项三者共同影响盈余持续性的回归结果。从 $Earning_{it} \times TMA$ 和 $Earning_{it} \times IPP_{t+1}$ 的系数来看，技术并购、并购后一年技术促进绩效仍然在 1% 的水平上显著提升了盈余持续性，从 $Earning_{it} \times GP \times IPP_{t+1}$ 的交乘项系数来看，由于 GP 越小，其表示收购公司成长潜力越大，因此其系数为负且在 1% 的水平上显著，表示收购公司成长潜力越大，并购后 1 年技术创新产出绩效 IPP_{t+1} 与调节变量 GP 的交乘项越能增强收购公司的盈余持续性，这说明并购后 1 年技术创新促进绩效 IPP_{t+1} 中介变量对收购公司盈余持续性的

影响受到收购公司成长潜力的显著调节作用。从 $Earning_{it}$ 的系数来看，从模型
3 的 0.5226 提高到了 0.6533，这充分说明模型加入了技术创新促进绩效与收购
公司成长潜力的交乘项之后，收购公司的盈余持续性也得到了增长，再次验证
了有调节的中介变量的加入增强了收购公司的盈余持续性。结合之前的模型 1、
2、3，模型 4 这两列回归结果支持了本章的研究假设 H4，技术创新绩效的中
介效应受到收购公司成长潜力的调节。

5.4　稳健性检验

5.4.1　替换代理变量

（1）为了增强研究结论的稳健性，本章创新性地采用"盈余增长持续性"
指标作为盈余持续性的另一替代变量做稳健性检验。盈余增长 EG_{it+1} 是用 i 公
司在 $t+1$ 年的盈余增长 /$t+1$ 年期末总资产来衡量，盈余增长 EG_{it} 是用 i 公司在
t 年的盈余增长 /t 年期末总资产来衡量。由于模型 2 不受影响，只需对模型 1、
3、4 进行稳健性检验。稳健回归结果详见表 5-5 所列。

回归结果发现，模型 1、3、4 的关键变量系数都在 1% 的水平上显著，说
明技术并购能显著增强盈余增长持续性，技术创新绩效发挥了两者关系的中介
作用，且中介作用受到了收购公司成长潜力的调节。这与前文研究假设 H1、
H2、H3、H4 一致，与前文回归结果也一致，说明研究结论具有很强的稳健性。

表 5-5　稳健回归：技术并购、技术创新绩效与盈余增长持续性回归结果

变量	基本模型	模型 1	IOP_t 中介模型 3	IPP_{t+1} 中介模型 3	IOP_t 调节中介模型 4	IPP_{t+1} 调节中介模型 4
EG_{it}	0.1322*** （6.52）	0.2609*** （5.02）	0.3277*** （5.97）	0.3462*** （7.02）	0.5982*** （11.69）	0.3981*** （7.76）
$EG_{it} \times TMA$		0.4308*** （9.10）	0.5601*** （10.82）	0.2365*** （4.77）	0.4980*** （10.47）	0.3450*** （6.56）
$EG_{it} \times GP$		−0.0448* （−1.77）	−0.0372 （−1.48）	−0.1400*** （−3.65）	−0.0450* （−1.81）	−0.0850 （−1.57）
TMA		0.0016 （0.66）	0.0032 （1.12）	0.0031 （1.17）	0.0019 （0.68）	0.0040 （1.55）
GP		−0.0160*** （−6.88）	−0.0170*** （−6.94）	−0.0120*** （−7.02）	−0.0190*** （−7.78）	−0.0220*** （−7.59）

变量	基本模型	模型 1	IOP_t 中介模型 3	IPP_{t+1} 中介模型 3	IOP_t 调节中介模型 4	IPP_{t+1} 调节中介模型 4
IOP_t			0.0012 （1.07）		0.0008 （0.72）	
IPP_{t+1}				0.0003 （1.08）		0.0004 （1.21）
$EG_{it} \times IOP_t$			0.1103*** （6.23）		0.1425*** （4.33）	
$EG_{it} \times IPP_{t+1}$				0.0209*** （12.40）		0.0247*** （3.09）
$EG_{it} \times GP \times IOP_t$					−0.2860*** （−9.06）	
$EG_{it} \times GP \times IPP_{t+1}$						−0.0660*** （−5.82）
$Size$	0.0121*** （2.61）	0.0119*** （2.90）	0.0081*** （3.41）	0.0115*** （3.71）	0.0094*** （3.53）	0.0107*** （3.44）
Lev	−0.0078** （−2.20）	−0.008** （−2.12）	−0.0050** （−2.24）	−0.0060*** （−2.72）	−0.0040** （−1.97）	−0.0050** （−2.19）
State	−0.0003 （−0.06）	−0.0001 （−0.02）	−0.0029 （−1.15）	−0.0024 （−0.84）	−0.0019 （−0.75）	−0.0012 （−0.40）
$Top1$	0.0001 （0.07）	0.0000 （0.05）	0.0000 （0.65）	0.0000 （0.03）	0.0000 （0.61）	0.0000 （0.12）
$Toptenshare$	0.0002* （1.75）	0.0001 （1.50）	0.0001 （1.52）	0.0001 （0.47）	0.0001* （1.81）	0.0001 （0.80）
Rev	0.0289*** （5.79）	0.0293*** （6.14）	0.0285*** （5.99）	0.0140** （2.43）	0.0267*** （5.71）	0.0119** （2.09）
$Lavor$	0.0011 （0.59）	0.0009 （0.51）	0.0020 （1.17）	0.0010 （0.52）	0.0020 （1.17）	0.0016 （0.86）

变量	基本模型	模型 1	IOP_t 中介模型 3	IPP_{t+1} 中介模型 3	IOP_t 调节中介模型 4	IPP_{t+1} 调节中介模型 4
MAprice	−0.0006 （−0.42）	−0.0010 （−0.72）	−0.0007 （−0.51）	−0.0009 （−0.70）	−0.0011 （−0.66）	−0.0014 （−1.07）
Dual	−0.0057** （−2.00）	−0.0062** （−2.26）	−0.0067** （−2.47）	−0.008*** （−2.61）	−0.0063** （−2.34）	−0.0069** （−2.42）
常数项	−0.0968** （−2.26）	−0.0973** （−2.27）	−0.0940*** （−3.89）	−0.1150*** （−3.83）	−0.1090*** （−4.41）	−0.1190*** （−3.87）
样本量	4310	4310	4310	3679	4310	3679
F 值	40.19***	44.93***	42.49***	59.08***	46.42***	58.70***
*Adj R*²	0.1655	0.2373	0.2518	0.3635	0.2810	0.3763

注："***""**""*"分别表示在 1%、5% 和 10% 水平上显著。

（2）为了检验技术创新绩效的中介机制的稳健性，本章采用"技术创新产出增量绩效 *IOPG* 和技术创新促进增量绩效 *IPPG*"指标作为两维技术创新效应的替代变量做稳健性检验。由于模型 1 不受影响，只需对模型 2、3、4 进行稳健性检验。稳健回归结果详见表 5-6 所列。

由回归结果可知，模型 2 中的两维度的技术创新增量的 *TMA* 系数均在 1% 的水平上显著通过检验，这说明技术并购显著提升技术创新产出绩效增量和技术创新促进绩效增量。模型 3 中技术创新促进绩效增量 *IPPG* 的中介效应系数显著，这说明技术并购影响收购公司盈余持续性是通过技术促进绩效增量发挥中介效应传导作用实现的。模型 4 只需对技术创新促进增量绩效 *IPPG* 中介变量验证其是否受到收购公司成长潜力的调节。模型 4 的回归结果显示，调节中介效应的系数在 1% 的水平上显著。通过模型 2、3、4 的回归结果分析可知，技术创新绩效作为技术并购影响企业盈余持续性的中介机制作用是稳健的。这与前文的研究假设和回归结果也保持了一致，说明研究结论具有很强的稳健性。

表 5-6　稳健回归：技术并购、技术创新增量绩效与盈余持续性回归结果

变量	模型 2 *IOPG*	模型 2 *IPPG*	模型 3 *IOPG* 中介	模型 3 *IPPG* 中介	模型 4 *IPPG* 调节中介
TMA	0.3794*** （3.82）	0.3278*** （3.40）	0.0881*** （6.41）	0.0086*** （2.62）	0.0094*** （2.78）
GP	−0.0552 （−0.58）	−0.1278 （−1.36）	−0.0370*** （−3.82）	−0.0510*** （−13.52）	−0.0500*** （−13.35）
$Earing_{it}$			0.5094*** （2.83）	0.5238*** （11.87）	0.5265*** （11.91）
$Earing_{it} \times TMA$			0.0409*** （4.94）	0.0617 （1.32）	0.0774 （1.56）
$Earing_{it} \times GP$			−0.7783** （−2.50）	−0.1290*** （−3.28）	−0.0228 （−0.99）
IOPG			0.0118 （1.13）		
IPPG				0.0009 （1.36）	0.0008 （1.20）
$Earing_{it} \times IOPG$			0.1684 （1.15）		
$Earing_{it} \times IPPG$				0.0348*** （3.13）	0.0249** （2.06）
$Earing_{it} \times GP \times IPPG$					−0.1140*** （−2.72）
Size	0.1649 （1.46）	0.0663 （0.61）	0.0704*** （3.88）	0.0338*** （10.64）	0.0335*** （10.57）
LEV	−0.1428* （−1.73）	−0.1214 （−1.54）	−0.0530*** （−4.04）	−0.0260*** （−11.25）	−0.0250*** （−11.19）
State	0.5860*** （4.33）	0.7168*** （5.93）	−0.0319* （−1.95）	−0.0101*** （−3.29）	−0.0100*** （−3.28）
*Top*1	−0.001275 （−0.30）	−0.0110 （−1.36）	0.0011** （2.05）	0.0001 （0.74）	0.0001 （0.78）

变量	模型 2 *IOPG*	模型 2 *IPPG*	模型 3 *IOPG* 中介	模型 3 *IPPG* 中介	模型 4 *IPPG* 调节中介
Toptenshare	0.0007 （0.16）	0.0128*** （2.81）	0.0011* （1.81）	0.0003** （2.56）	0.0003** （2.54）
Rev			0.0107 （0.51）	0.0144** （2.58）	0.0141** （2.53）
Lavor			0.0160*** （3.06）	0.0031* （1.70）	0.0030* （1.69）
MAprice			−0.0310 （−0.87）	−0.0030** （−2.11）	−0.0029** （−2.08）
Dual			−0.0078 （−1.02）	−0.0021 （−0.70）	−0.0023 （−0.78）
常数项	−0.9853 （−0.92）	−1.0110 （−0.89）	−0.3786** （−2.44）	−0.1920*** （−6.11）	−0.1900*** （−6.05）
样本量	4310	3679	4310	3679	3679
F 值	6.88***	8.49***	12.68***	106.81***	100.58***
Adj R²	0.0957	0.1071	0.5485	0.4948	0.4951

注："***""**""*"分别表示在 1%、5% 和 10% 水平上显著。

5.4.2　基于 PSM 模型的内生性检验

为了避免由于样本选择偏差带来的内生性问题，本部分仍然采用 PSM 模型（倾向得分匹配法）对技术并购组（*TMA*=1）和非技术并购组（*TMA*=0）进行样本匹配，再以匹配后的样本用前述有调节的中介效应的四步骤法进行实证回归检验，以此验证匹配后的样本公司技术并购是否仍然显著正面影响收购公司的盈余持续性，技术并购是否仍然是通过技术创新绩效的中介调节作用去进一步提升收购公司的盈余持续性的。

本部分采用 PSM 模型，大致的检验步骤如下。第一，基于所有 2009—2017 年间发生并购事件的研究样本，选择影响盈余持续性的若干协变量（公司

规模 *Size*、公司杠杆水平 *Lev*，股权性质 *State*，第一大股东持股比率 *Top*1。前十大股东持股比率 *Toptenshare*，营业收入 *Rev* 和员工数量 *Labor*），对所有样本逐个计算出由这些因素共同影响企业盈余持续性的概率，即可得到每个样本的倾向值得分pscore。第二，再根据处理组（技术并购组，*TMA*=1）和控制组（非技术并购组，*TMA*=0）划分方法，采用最近邻匹配法进行匹配，得到匹配后的处理组和控制组。第三，对匹配样本的均衡性进行检验，确认匹配后的处理组和控制组在个体特征上没有明显差异，以保证 ATT 平均处理效应的 *T* 值检验结论的有效性，同时保证调节中介效应模型 OLS 四步回归法的结论的可靠性。第四，检验匹配后两组样本的 ATT 平均处理效应 *T* 值是否显著。如果显著，则说明技术并购组（*TMA*=1）和非技术并购组（*TMA*=0）对收购公司的盈余持续性的影响差异是显著的。换句话说，技术并购确实显著提升了收购公司的盈余持续性。第五，为了验证样本公司中介传导机制的可靠性和稳健性，仍沿用基础检验使用的有调节的中介效应模型，采用四步回归方法，以匹配后的样本来稳健检验技术并购、技术创新绩效与盈余持续性三者的关系。

1. PSM 模型相关变量的设定

在 PSM 模型中，涉及三类变量：结果变量（被解释变量）、处理变量（解释变量）和匹配协变量（控制变量）。本章设定的具体三类变量见表 5-7 所列。

表 5-7 PSM 模型相关变量的设定

变量类别	变量名	变量定义
结果变量	$Earni_{ngit}+1$	表示 i 公司在 $t+1$ 年的营业利润，采用营业利润 $t+1$/期末总资产来计算
处理变量	*TMA*	技术并购 *TMA*=1，非技术并购 *TMA*=0
匹配协变量	*Size*	公司规模
	Lev	公司杠杆水平
	*Top*1	第一大股东持股比率
	Toptenshare	前十大股东持股比率
	State	产权性质
	Rev	当期营业收入/期末总资产
	Labor	员工数量的自然对数

2. 基于最近邻匹配的 PSM 模型匹配结果

本节检验匹配后技术并购组和非技术并购组的平均处理效应 ATT 的 T 值是否存在显著性差异。以下是 PSM 模型匹配后的平均处理效应 ATT 的 T 值表，详见表 5-8 所列。

表 5-8　PSM 模型匹配后平均处理效应（ATT）

结果变量	样本	处理组（$TMA=1$）	控制组（$TMA=0$）	差异	标准误 S.E	T 值
$Earning_{it+1}$	匹配前	0.0472	0.0385	0.0087	0.0025	2.67
	匹配后	0.0534	0.0463	0.0071	0.0031	2.25[**]

3. 匹配样本共同取值范围分布情况

图 5-2 反映了结果变量的处理组和控制组匹配样本的共同取值范围分布情况，从图 5-2 可以看出，绝大多数观察值都在共同取值范围内，只有极少数样本在共同取值范围之外。因此，匹配的样本损失非常少，这保证了匹配后 ATT 和回归实证结论的可靠性和有效性。

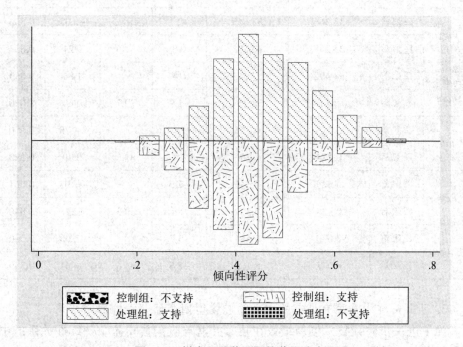

图 5-2　样本匹配共同取值范围分布图

（4）匹配样本均衡性检验

表5-9反映了结果变量样本匹配均衡性检验结果。从表5-9的检验结果来看，所有的协变量匹配后的偏差均在10%以下，偏差大部分降低幅度在70%以上，而且从T值检验来看，匹配后各协变量均不存在显著性差异。这说明处理组和控制组样本匹配效果很好，完全通过了样本匹配的均衡性检验，从而保证了表5-8中匹配样本ATT平均处理效应的T值($T=2.25^{**}$)检验结论的有效性。

表5-9　样本匹配均衡性检验

协变量	样本	均值		标准化偏差/%	标准化偏差降低幅度/%	T检验	
		处理组（TMA=1）	控制组（TMA=0）			T值	P值
Size	匹配前	22.116	21.798	27.7		8.11	0.000
	匹配后	22.121	22.101	1.7	93.8	0.45	0.656
Lev	匹配前	21.032	20.695	23.7		6.92	0.000
	匹配后	21.034	20.996	2.4	89.7	0.64	0.525
Top1	匹配前	33.366	33.665	−2.1		−0.62	0.536
	匹配后	33.367	33.258	0.8	63.6	0.21	0.833
Toptenshare	匹配前	58.492	57.613	6.4		1.86	0.063
	匹配后	58.517	58.774	−1.9	70.7	0.60	1.080
State	匹配前	0.275	0.351	−16.4		−4.75	0.000
	匹配后	0.274	0.266	1.4	89.5	0.49	0.623
Rev	匹配前	0.524	0.545	−7.5		−1.95	0.051
	匹配后	0.524	0.522	0.8	89.3	0.20	0.840
Labor	匹配前	8.080	7.544	45.7		12.05	0.000
	匹配后	8.077	8.106	−2.5	94.6	−0.61	0.539

5. 匹配后样本采用有调节的中介效应模型四步回归法的回归结果

为了进一步验证技术创新绩效在技术并购与收购公司盈余持续性关系的中介传导作用，本部分继续对PSM匹配后的样本采用有调节的中介效应模型四步回归法进行稳健性检验。稳健回归结果见表 5-10 和表 5-11 所列。

表 5-10　模型 1 与 2 稳健回归结果

变量	基本模型 盈余持续性	模型 1 盈余持续性	模型 2 当期技术创新 产出绩效 IOP_t	模型 2 并购后 一年技术创新 促进绩效 IPP_{t+1}
$Earning_{it}$	0.4279*** （30.66）	0.4680*** （18.72）		
$Earning_{it} \times TMA$		0.1642*** （6.54）		
$Earning_{it} \times GP$		−0.2017*** （−8.13）		
TMA		0.0069*** （3.34）	1.4013*** （38.81）	1.1760*** （6.61）
GP		−0.0143*** （−7.63）	−0.0382 （−1.29）	−0.0571 （−0.30）
Size	0.0441*** （16.23）	0.0363*** （13.81）	0.2310*** （5.81）	1.6862*** （8.01）
Lev	−0.0336*** （−16.70）	−0.0278*** （−14.25）	0.1487*** （5.00）	−1.6514*** （−10.71）
State	−0.0148*** （−5.55）	−0.0147*** （−5.77）	0.2042*** （4.64）	0.4517* （1.88）
Top1	0.0001* （1.67）	0.0001 （1.5）	−0.0039** （−2.39）	−0.0603*** （−7.23）
Toptenshare	0.0002** （2.31）	0.0002** （2.22）	0.0021 （1.27）	0.0322*** （3.70）
Rev	0.0382*** （10.19）	0.0357*** （9.64）		
Labor	0.0009 （0.71）	0.0028** （2.04）		
MAPrice	−0.0001 （−0.10）	−0.0007 （−0.66）		

111

变量	基本模型 盈余持续性	模型 1 盈余持续性	模型 2 当期技术创新 产出绩效 IOP_t	模型 2 并购后 一年技术创新 促进绩效 IPP_{t+1}
Dual	−0.0048** （−2.28）	−0.0049** （−2.35）		
常数项	−0.2435*** （−9.45）	−0.1985*** （−7.95）	−5.7209*** （−14.04）	3.5534 （1.59）
样本量	4276	3644	4276	3644
F 值	197.75***	160.83***	403.94***	51.61***
*Adj R*²	0.4855	0.5184	0.4187	0.1052

注：“***”“**”“*”分别表示在 1%、5% 和 10% 水平上显著。

表 5-10 反映了调节中介效应模型的前两步的稳健回归结果，详见模型 1 和 2。通过表 5-10 模型 1 的稳健回归结果可以看出，技术并购能够显著提升企业的盈余持续性（T=6.54），且加入技术并购 *TMA* 变量后，$Earning_{it}$ 的系数从 0.4279 上升到 0.4680。这说明盈余持续性在技术并购后得到了增强，这与匹配后 *ATT* 平均处理效应的结论保持一致，与前述样本匹配前回归结论也保持一致，稳健支持了调节中介效应模型的第一步；通过模型 2 的稳健回归结果可以看出，技术并购能够显著提升企业的当期技术创新产出绩效（T=38.81）和并购后 1 年的技术创新促进绩效（T=6.61），与前述样本匹配前回归结论也保持一致，这稳健支持了调节中介效应模型的第二步。

表 5-11　模型 3 与 4 稳健回归结果

变量	IOP_t 中介 模型 3 盈余持续性	IPP_{t+1} 中介 模型 3 盈余持续性	IOP_t 调节中介 模型 4 盈余持续性	IPP_{t+1} 调节 中介模型 4 盈余持续性
$Earning_{it}$	0.5697*** （19.22）	0.5093*** （11.74）	0.6030*** （16.41）	0.5115*** （15.32）

续　表

变量	IOP_t 中介 模型 3 盈余持续性	IPP_{t+1} 中介 模型 3 盈余持续性	IOP_t 调节中介 模型 4 盈余持续性	IPP_{t+1} 调节 中介模型 4 盈余持续性
$Earning_{it} \times TMA$	0.2215*** （7.73）	0.0773*** （2.66）	0.2275*** （7.99）	0.0778*** （2.61）
$Earning_{it} \times GP$	−0.2081*** （−8.41）	−0.1454*** （−5.57）	−0.1028 （−1.62）	−0.1052*** （−3.54）
TMA	0.0069*** （3.34）	0.0037 （1.61）	0.0090*** （4.30）	0.0036 （1.58）
GP	−0.0152*** （−8.11）	−0.0181*** （−7.94）	−0.0140*** （−7.48）	−0.0180*** （−7.93）
$Earning_{it} \times IOP_t$	0.0405*** （4.11）		0.0201** （2.02）	
$Earning_{it} \times IPP_{t+1}$		0.0060*** （6.56）		0.0052*** （4.42）
IOP_t	0.0028*** （3.01）		0.0014 （1.43）	
IPP_{t+1}		0.0003 （1.22）		0.0002 （1.04）
$Earning_{it} \times GP \times IOP_t$			−0.0899*** （−5.32）	
$Earning_{it} \times GP \times IPP_{t+1}$				−0.1096*** （−7.43）
$Size$	0.0359*** （13.7）	0.0384*** （12.36）	0.0388*** （12.52）	0.0378*** （12.19）
Lev	−0.0269*** （−13.78）	−0.0291*** （−12.77）	−0.0290*** （−12.78）	−0.0277*** （−12.14）
$State$	−0.0145*** （−5.71）	−0.0113*** （−3.68）	−0.0107*** （−3.51）	−0.0112*** （−3.66）

变量	IOP_t 中介模型 3 盈余持续性	IPP_{t+1} 中介模型 3 盈余持续性	IOP_t 调节中介模型 4 盈余持续性	IPP_{t+1} 调节中介模型 4 盈余持续性
$Top1$	0.0001 （1.40）	0.0001 （0.85）	0.0001 （0.88）	0.0001 （1.00）
$Toptenshare$	0.0002** （2.17）	0.0001* （1.66）	0.0001 （1.50）	0.0001 （1.56）
Rev	0.0374*** （10.09）	0.0357*** （9.64）	0.0385*** （10.44）	0.0323*** （7.41）
$Labor$	0.0033** （2.37）	0.0028** （2.04）	0.0027** （1.99）	0.0046*** （3.05）
$MAPrice$	−0.0006 （−0.59）	−0.0007 （−0.66）	−0.0008 （−0.74）	−0.0013 （−1.21）
$Dual$	−0.0059** （−2.39）	−0.0049** （−2.35）	−0.0046** （−2.24）	−0.0048** （−2.24）
常数项	−0.1890*** （−8.54）	−0.2168*** （−7.23）	−0.2269*** （−7.57）	−0.2318*** （−7.74）
样本量	4276	3644	4276	3644
F 值	152.37***	126.35***	146.48***	118.85***
$Adj\ R^2$	0.5222	0.5377	0.5286	0.5420

注："***""**""*"分别表示1%，5%，和10%水平上显著。

表 5-11 反映了调节中介效应模型的后两步的稳健回归结果，详见模型 3 和 4。从表 5-11 模型 3 的稳健回归结果可以看出，当期技术创新产出绩效和并购后 1 年的技术创新促进绩效能够显著发挥技术并购影响企业盈余持续性的中介传导作用，两维度的技术创新绩效中介效应显著存在（T=4.11 和 T=6.56），且加入技术创新绩效的中介变量之后，$Earning_{it}$ 的系数也显著提升，从模型 1 的系数 0.4680 上升到了 0.5093 和 0.5697，这与前述样本匹配前回归结论保持

一致，稳健支持了调节中介效应模型的第三步，中介效应显著；从模型 4 的稳健回归结果可以看出，当期技术创新产出绩效和并购后 1 年的技术创新促进绩效的中介效应还显著受到收购公司成长潜力的调节，调节中介效应显著（调节变量的交乘项的 T=-5.32 和 T=-7.43）。与前述样本匹配前回归结论保持一致，这稳健支持了调节中介效应模型的第四步。

综上，本小节通过 PSM 匹配样本的 ATT 平均处理效应的 T 值显著性检验，以及对匹配后样本重新进行调节中介效应的四步法回归，均得出与前述实证结论一致的研究结论，这说明技术并购能够通过提升两维度的技术创新绩效（当期技术创新产出绩效和并购后 1 年的技术创新促进绩效），而后由技术创新绩效发挥中介传导作用，进一步提升收购公司的盈余持续性。这证实了技术创新绩效是技术并购影响盈余持续性的中介变量，这一研究结论非常稳健。

5.4.3　Heckman 二阶段模型的内生性检验

为了避免由于样本选择偏差带来的内生性问题，本章将采用 Heckman 二阶段模型对样本进行检验，再次验证技术并购是不是通过技术创新绩效的中介传导作用来提升收购公司的盈余持续性的。

Heckman 二阶段模型的检验步骤如前文所述：第一阶段，先建立 Probit 多元回归模型。以 TMA（是否进行技术并购）为因变量，将那些会对企业进行技术并购选择产生影响的相关因素作为自变量（公司规模 $Size$、公司杠杆水平 Lev、第一大股东持股比率 $Top1$、前十大股东持股比率 $Toptenshare$ 股权性质 $State$ 和公司成长潜力水平 GP）进行 Probit 回归，并计算得到逆米尔斯比率（Inverse Mills Ratio，IMR）；第二阶段，将第一阶段计算得到的 IMR 作为控制变量，加入原有盈余持续性的一阶自回归模型中，做第二阶段的回归检验。

由于第 4 章中已对第一阶段的 Probit 多元回归模型及回归结果进行了列示，此处不再赘述，且对于技术并购的创新效应已采用 Heckman 二阶段模型进行内生性检验，因此，本部分在第二阶段的回归检验中，只需对技术并购影响盈余持续性的基本模型 1 和技术创新绩效的中介模型 3 做第二阶段的回归检验，以验证技术并购是不是通过技术创新绩效的中介效应来提升收购公司的盈余持续性的。

表 5-12 列示了技术并购对盈余持续性影响的 Heckman 第二阶段回归结果：第一列列示了技术并购对盈余持续性的影响；第二列列示了技术并购、当期技术创新产出效应 IOP_t 共同对盈余持续性的影响，以验证 IOP_t 的中介效应；第三列列示了技术并购、并购后 1 年技术创新促进效应 IPP_{t+1} 共同对盈余持续性的影响，以验证 IPP_{t+1} 的中介效应。

在第二阶段回归模型中控制了逆米尔斯比率 IMR，从 IMR 的回归系数来看，IMR 与盈余持续性显著正相关，这说明原有回归模型中存在内生性问题。从第一列的 $Earning_{it} \times TMA$、第二列的 $Earning_{it} \times IOP_t$ 和第三列的 $Earning_{it} \times IPP_{t+1}$ 的系数来看，均在 1% 的水平上显著。且从 $Earning_{it}$ 的系数来看，从模型 1 的 0.3315 提高到了模型 3 的 0.4399 和 0.4481。这表明加入技术创新绩效的中介之后，盈余持续性得到增强。Heckman 第二阶段回归结果证实，在控制了内生性问题之后，技术并购仍然能够显著提升盈余持续性，且技术并购是通过技术创新绩效中介路径来提升收购公司的盈余持续性的，这与前文的研究结论一致，说明技术并购通过技术创新绩效提升盈余持续性的研究结论是十分稳健的。

表 5-12　模型 1 与 3 回归结果

	基本一阶自 回归模型 1	IOP_t 中介 模型 3	IPP_{t+1} 中介 模型 3
$Earning_{it}$	0.3315*** （17.47）	0.4399*** （13.03）	0.4481*** （16.01）
$Earning_{it} \times TMA$	0.1560*** （6.03）	0.2179*** （7.19）	0.0490 （1.62）
TMA	0.0063*** （2.87）	0.0102*** （3.99）	0.0020 （0.82）
IOP_t		0.0029*** （2.99）	
$Earning_{it} \times IOP_t$		0.0445*** （3.88）	
IPP_{t+1}			0.0004* （1.71）
$Earning_{it} \times IPP_{t+1}$			0.0058*** （5.83）
IMR	0.1017*** （4.08）	0.1096*** （4.39）	0.0816*** （2.80）
$Size$	0.0583*** （8.64）	0.0599*** （8.85）	0.0514*** （6.47）

	基本一阶自回归模型 1	IOP_t 中介模型 3	IPP_{t+1} 中介模型 3
LEV	−0.0265*** （−13.09）	−0.0267*** （−13.24）	−0.0258*** （−11.98）
State	−0.0355*** （−5.78）	−0.0382*** （−6.21）	−0.0298*** （−3.98）
Top1	0.0001 （0.59）	0.0000 （0.21）	0.0002 （1.41）
Toptenshare	0.0006*** （6.24）	0.0007*** （6.38）	0.0007*** （5.28）
Rev	0.0395*** （9.98）	0.0403*** （10.15）	0.0406*** （8.46）
Labor	0.0017 （1.17）	0.0018 （1.24）	0.0025 （1.59）
MAPrice	−0.0006 （−0.55）	−0.0003 （−0.26）	−0.0007 （−0.71）
Dual	−0.0048** （−2.16）	−0.0045** （−2.04）	−0.0037 （−1.59）
常数项	−0.7730*** （−5.38）	−0.8156*** （−5.66）	−0.6391*** （−3.74）
样本量	4310	4310	3679
F 值	145.58***	128.31***	114.27***
Adj R^2	0.4968	0.5013	0.5178

注："***""**""*"别表示在 1%、5% 和 10% 水平上显著。

5.5 进一步拓展检验

由于国有企业和非国有企业在内部控制水平上存在显著差异，而企业盈余持续性又受内部控制水平的影响（肖华和张国清，2013；方红星和张志平，2013；李姝等，2017；宫义飞和谢元芳，2018），内部控制水平越高，企业盈余操纵的程度就越低，从而可能引起不同产权性质的企业技术并购后收购公司盈余持续性的差异。企业实施高管激励可以有效缓解第一类代理问题，降低高管为追求私利进行企业盈余管理的动机（Jensen和Meckling，1976；张娟和黄志忠，2014），从而能够提高会计信息质量和增强企业的盈余持续性（Ashley和Yang，2004）；同时，实施高管激励会对技术并购创新效应产生积极影响（王燕妮，2011；美英兵和于雅萍，2017；尹美群等，2018），从而进一步影响技术并购后收购公司的盈余持续性。股权集中度不同的企业存在第二类代理问题的程度不同，而代理问题严重的企业会对企业盈余持续性产生显著负面影响（窦欢，陆正飞，2017）；同时，股权集中度不同会对企业创新行为产生影响（任海云，2010；杨建军等，2015），从而进一步影响技术并购后收购公司的盈余持续性。

因此，在本小节的拓展检验中，将按收购公司的产权性质、是否实施高管激励和股权集中度高低进行分组回归，来进一步拓展检验在不同公司治理层面下技术并购对盈余持续性的影响差异，以及技术创新绩效发挥中介效应的具体传导路径的差异。

前述有调节的中介效应的四步回归方法的实证结论证明，收购公司技术并购带来的当期技术创新产出绩效和并购后1年的技术创新促进绩效能够显著发挥技术创新绩效的中介传导作用，并进一步影响收购公司的盈余持续性，这两个维度的技术创新绩效的中介效应受到收购公司成长潜力的调节。因此，本小节将只针对当期技术创新产出绩效和并购后1年的技术创新促进绩效的中介效应来分组研究三种不同公司治理层面下技术并购对盈余持续性的影响差异，采用有调节的中介模型四步回归法，检验这两维度的技术创新绩效对盈余持续性发挥中介效应的具体传导路径的差异。

5.5.1 区分产权性质

本小节按照产权性质不同，把并购样本划分为国有企业样本组（*State*=1）和非国有企业样本组（*State*=0），分别按照前述有调节的中介效应模型进行四步法回归，模型1与2回归结果见表5-13，模型3与4回归结果见表5-14。

表 5-13　按产权性质分组检验：模型（1）（2）回归结果

	模型 1 盈余持续性（State=1）	模型 1 盈余持续性（State=0）	模型 2 IOP_t（State=1）	模型 2 IOP_t（State=0）	模型 2 IPP_{t+1}（State=1）	模型 2 IPP_{t+1}（State=0）
$Earning_{it}$	0.3716*** （12.65）	0.5910*** （12.12）				
$Earning_{it} \times TMA$	0.0147 （0.3）	0.1239** （2.41）				
$Earning_{it} \times GP$	−0.0616 （−1.41）	−0.3207*** （−8.88）				
TMA	0.0095*** （2.83）	0.0019 （0.43）	1.6153*** （23.76）	1.3390*** （32.10）	0.1619 （1.25）	1.0044*** （4.78）
GP	−0.0476*** （−10.79）	−0.0019 （−0.86）	−0.0787** （−2.33）	−0.2479*** （−3.71）	−0.4720* （−1.94）	−2.2325*** （−6.92）
$Size$	0.0316*** （7.68）	0.0288*** （5.60）	0.5275*** （7.32）	0.0064 （0.14）	4.1888*** （9.07）	0.8113*** （3.45）
Lev	−0.0185*** （−6.42）	−0.0216*** （−5.45）	0.0005 （0.01）	0.2552*** （7.72）	4.0232*** （10.54）	−1.3218*** （−6.23）
$Top1$	0.0000 （0.15）	0.0002 （1.42）	−0.0127*** （−6.01）	0.0022 （1.49）	−0.1119*** （−7.05）	−0.0392*** （−4.17）
$Toptenshare$	0.0005*** （3.71）	0.0003* （1.83）	0.0053* （1.72）	0.0003 （0.21）	0.0852*** （4.83）	0.0092 （0.95）
Rev	0.0156*** （2.61）	0.0373*** （5.98）				
$Labor$	0.0051** （2.54）	0.0028 （0.90）				
$MAprice$	−0.0023 （−1.62）	−0.0035 （−1.09）				
$Dual$	−0.0040 （−1.42）	−0.0173** （−2.24）				
常数项	−0.3365*** （−8.19）	−0.1598*** （−3.39）	−8.5913*** （−15.45）	−2.6760*** （−5.17）	−4.1918 （−1.01）	11.5770*** （4.43）

	模型 1 盈余持续性 ($State=1$)	模型 1 盈余持续性 ($State=0$)	模型 2 IOP_t ($State=1$)	模型 2 IOP_t ($State=0$)	模型 2 IPP_{t+1} ($State=1$)	模型 2 IPP_{t+1} ($State=0$)
样本量	1370	2940	1370	2940	1140	2539
F 值	39.70***	152.68***	233.44***	241.35***	48.54***	39.20***
$Adj\ R^2$	0.5696	0.5403	0.5324	0.3497	0.2679	0.0939

注: "*" "**" "***" 分别表示在10%、5%和1%水平上显著。

表 5-13 中,模型 1 国有企业样本和非国有企业样本的两列回归结果显示,在国有企业样本中,$Earning_{it} \times TMA$的系数没有通过显著性检验,而非国有企业样本$Earning_{it} \times TMA$的系数在 5% 水平上通过显著性检验。这充分说明国有企业进行技术并购并没有显著提升收购公司的盈余持续性,而非国有企业的技术并购显著提升了收购公司的盈余持续性,国有企业和非国有企业在技术并购对盈余持续性的影响上存在显著差异。

从表 5-13 中的模型(2)国有企业样本和非国有企业样本的四列回归结果中,从国有企业的 TMA 的系数来看,国有企业技术并购显著促进了当期技术创新产出绩效 IOP_t,但并未显著促进并购后 1 年的技术创新促进绩效 IPP_{t+1};而对于非国有企业样本,无论是技术并购对技术创新产出绩效 IOP_t,还是对技术创新促进绩效 IPP_{t+1} 的影响,TMA 系数都在 1% 的水平上通过显著性检验。这一结论与前文的拓展检验中的结论一致。这说明国有企业和非国有企业在技术并购对技术创新绩效的影响方面的确存在差异。

表 5-14　按产权性质分组检验:模型(3)(4)回归结果

	模型(3) IOP_t 中介效应 ($State=1$)	模型(3) IOP_t 中介效应 ($State=0$)	模型(3) IPP_{t+1} 中介效应 ($State=0$)	模型(4) IOP_t 调节 中介效应 ($State=0$)	模型(4) IPP_{t+1} 调节 中介效应 ($State=0$)
$Earning_{it}$	0.5320*** (3.99)	0.7392*** (11.19)	0.6169*** (12.11)	0.8448*** (6.74)	0.6716*** (11.36)

续　表

	模型（3）IOP_t中介效应（$State$=1）	模型（3）IOP_t中介效应（$State$=0）	模型（3）IPP_{t+1}中介效应（$State$=0）	模型（4）IOP_t调节中介效应（$State$=0）	模型（4）IPP_{t+1}调节中介效应（$State$=0）
$Earning_{it} \times TMA$	0.2056** （1.96）	0.0849 （1.56）	0.1987*** （3.69）	0.0453 （0.84）	0.1669*** （3.12）
$Earning_{it} \times GP$	−0.1562*** （−3.11）	−0.0820* （−1.85）	−0.0644 （−1.41）	−0.7776*** （−5.89）	−0.5273*** （−6.00）
TMA	0.0061 （0.81）	0.0113*** （2.93）	0.0243*** （6.71）	0.0087** （2.27）	0.0215*** （5.96）
GP	−0.0088*** （−2.67）	−0.0497*** （−11.13）	−0.0589*** （−13.11）	−0.0546*** （−12.24）	−0.0588*** （−13.25）
IOP_t	0.0067** （2.33）	0.0015 （0.98）		0.0001 （0.04）	
IPP_{t+1}			0.0029*** （8.93）		0.0017*** （4.65）
$Earning_{it} \times IOP_t$	0.0557 （1.32）	0.0554*** （2.72）		0.0690** （2.56）	
$Earning_{it} \times IPP_{t+1}$			0.0585*** （15.98）		0.0259*** （4.64）
$Earning_{it} \times GP \times IOP_t$				−0.2439*** （−6.90）	
$Earning_{it} \times GP \times IPP_{t+1}$					−0.0980*** （−6.14）
$Size$	0.0242*** （3.17）	0.0318*** （7.75）	0.0260*** （6.26）	0.0346*** （8.49）	0.0224*** （5.39）
LEV	−0.0201*** （−3.65）	−0.0183*** （−6.35）	−0.0163*** （−5.66）	−0.0200*** （−7.01）	−0.0139*** （−4.83）
$Top1$	0.0008*** （3.39）	0.0000 （0.11）	0.0001 （1.14）	0.0000 （0.52）	0.0000 （0.66）

	模型（3） IOP_t 中介效应 （State=1）	模型（3） IOP_t 中介效应 （State=0）	模型（3） IPP_{t+1} 中介效应 （State=0）	模型（4） IOP_t调节 中介效应 （State=0）	模型（4） IPP_{t+1}调节 中介效应 （State=0）
Toptenshare	0.0003 （1.31）	0.0004*** （3.58）	0.0004*** （3.45）	0.0004*** （3.26）	0.0004*** （3.27）
Rev	0.0139 （1.59）	0.0182*** （3.00）	0.0015 （0.23）	0.0266*** （4.34）	0.0008 （0.11）
Labor	0.0069* （1.65）	0.0052*** （2.59）	0.0083*** （3.94）	0.0042** （2.10）	0.0087*** （4.2）
MAprice	−0.0110 （−0.86）	−0.0035* （−1.68）	−0.0023* （−1.70）	−0.0024* （−1.74）	−0.0024* （−1.82）
Dual	−0.0151 （−1.46）	−0.0038 （−1.35）	−0.0004 （−0.14）	−0.0033 （−1.17）	−0.0008 （−0.28）
常数项	−0.1293* （−1.76）	−0.3490*** （−8.45）	−0.2509*** （−5.73）	−0.3613*** （−8.85）	−0.2304*** （−5.31）
样本量	1370	2940	2539	2940	2539
F 值	29.03***	137.00***	139.63***	133.89***	136.66***
Adj R²	0.5275	0.5492	0.5971	0.5596	0.6076

注：　"*"　"**"　"***"　分别表示在 10%、5% 和 1% 水平上显著。

由于表 5-13 显示国有企业不能带来并购后 1 年的技术创新促进效应，故表 5-14 的中介模型 3 只列示了国有企业的技术创新产出效应的检验结果。实证结果表明，$Earning_{it} \times IOP_t$ 系数没有通过显著性检验，这说明国有企业的技术创新绩效没有发挥中介传导作用，故在国有企业样本组中，技术并购并不能显著影响收购公司的盈余持续性。而在非国有企业样本中，$Earning_{it} \times IOP_t$ 和 $Earning_{it} \times IPP_{t+1}$ 系数都在 1% 水平上通过显著性检验。这说明在非国有企业中，其当期技术创新产出绩效和并购后 1 年技术创新促进绩效均能发挥中介效应，从而影响收购企业的盈余持续性。

由于国有企业样本的中介效应模型 3 不成立，无需再检验国有企业样本的调节中介模型 4。表 5-14 调节中介模型 4 只列出了非国有企业样本的 IOP_t 和 IPP_{t+1} 调节中介效应的两列实证回归结果。结果显示，$Earning_{it} \times TMA$ 系数、$Earning_{it} \times IOP_t$、$Earning_{it} \times IPP_{t+1}$ 中介效应系数，以及 $Earning_{it} \times GP \times IOP_t$ 和 $Earning_{it} \times GP \times IPP_{t+1}$ 调节中介效应系数均在 1% 水平上通过显著性检验。这说明在非国有企业样本中，技术创新绩效的中介效应显著存在，且其技术创新绩效的中介效应均受到收购公司成长潜力的显著调节作用。

通过上述国有企业和非国有企业样本的分组检验，我们可以得出：技术创新绩效发挥技术并购影响盈余持续性的调节中介效应在非国有企业显著成立，而在国有企业中并不成立，但国有企业的技术并购与当期技术创新绩效呈显著正相关关系。对于国有企业和非国有企业而言，技术并购、技术创新绩效与盈余持续性三者关系中的中介传导机制存在显著差异。

5.5.2 区分高管激励

本小节将根据收购公司技术并购当年是否实施高管激励计划进行分组，将已实施高管激励计划（$Incentive$=1）的设为激励组，没有实施高管激励计划（$Incentive$=0）的设为非激励组，以检验两组样本技术并购对盈余持续性的影响差异，以及两维度技术创新绩效发挥中介效应的具体传导路径的差异。高管激励分组回归结果具体如下。模型 1 与 2 回归结果见表 5-15，模型 3 与 4 回归结果见表 5-16。

表 5-15 按高管激励分组检验模型 1 与 2 回归结果

	模型 1 盈余持续性 （INc=1）	模型 1 盈余持续性 （INc=0）	模型 2 IOP_t （INc=1）	模型 2 IOP_t （INc=0）	模型 2 IPP_{t+1} （INc=1）	模型 2 IPP_{t+1} （INc=0）
$Earning_{it}$	0.5602*** （20.17）	0.3008*** （9.42）				
$Earning_{it} \times TMA$	0.0980*** （3.09）	0.0791 （1.41）				

	模型1 盈余持续性 （INc=1）	模型1 盈余持续性 （INc=0）	模型2 IOP_t （INc=1）	模型2 IOP_t （INc=0）	模型2 IPP_{t+1} （INc=1）	模型2 IPP_{t+1} （INc=0）
$Earning_{it} \times GP$	−0.3193*** （−11.08）	−0.0055 （−0.11）				
TMA	0.0053** （2.03）	0.0085** （2.08）	1.3988*** （18.84）	1.2457*** （24.22）	0.9710*** （5.45）	0.0550 （0.33）
GP	−0.0085*** （−4.29）	−0.0470*** （−10.13）	−0.2718*** （−2.97）	−0.0442 （−1.09）	−0.0433 （−0.18）	−0.0670 （−0.45）
$Size$	0.0215*** （6.61）	0.0465*** （9.37）	0.4774*** （5.30）	0.1451** （2.35）	0.5131** （2.54）	1.2994*** （6.83）
Lev	−0.0204*** （−8.74）	−0.0249*** （−7.63）	0.2809*** （5.79）	0.1695*** （3.49）	0.3491** （4.88）	−0.6205*** （−4.21）
$State$	−0.0209*** （−7.00）	−0.0042 （−0.95）	0.8546*** （9.38）	0.0101 （0.16）	0.9938 （0.87）	0.8828*** （3.72）
$Top1$	0.0003*** （2.85）	0.0006*** （4.28）	0.0111*** （3.66）	−0.0062** （−2.47）	−0.0067** （−2.30）	−0.0012 （−0.14）
$Toptenshare$	0.0003*** （3.07）	0.0004*** （2.64）	0.0044 （1.50）	0.0054** （2.27）	0.0120** （2.30）	0.0365*** （4.35）
Rev	0.0293*** （6.90）	0.0579*** （6.96）				
$Labor$	0.0091*** （5.33）	0.0034 （1.28）				
$MAPrice$	−0.0117*** （−2.71）	−0.0004 （−0.33）				

续　表

	模型 1 盈余持续性 (INc=1)	模型 1 盈余持续性 (INc=0)	模型 2 IOP_t (INc=1)	模型 2 IOP_t (INc=0)	模型 2 IPP_{t+1} (INc=1)	模型 2 IPP_{t+1} (INc=0)
Dual	−0.0093*** (−3.66)	−0.0110*** (−3.05)				
常数项	−0.1533*** (−4.56)	−0.3835*** (−7.12)	−9.7351*** (−12.32)	−4.1458*** (−7.04)	−4.0540*** (−3.89)	−1.9366 (−0.55)
样本量	1576	2734	1576	2734	1335	2344
F 值	96.39***	66.91***	206.70***	165.39***	33.60***	29.75***
Adj R^2	0.5409	0.5829	0.5772	0.3979	0.1990	0.1372

注：“INc”表示“$Incentive$”，“*”“**”“***”分别表示在10%、5%和1%水平上显著。

表 5-15 中，模型 1 激励组和非激励组的两列回归结果显示，在激励组中，$Earning_{it} \times TMA$ 的系数在 1% 的水平上通过显著性检验，而在非激励组中，并未通过显著性检验。这充分说明对于实施高管激励计划的企业，其技术并购显著提升了收购公司的盈余持续性；而未实施高管激励的企业，其技术并购并没有显著提升收购公司的盈余持续性。检验结果表明，实施高管激励计划的企业和未实施高管激励计划的企业在技术并购对盈余持续性的影响上存在显著差异。

表 5-15 中，模型 2 激励组和非激励组的四列回归结果中，从非激励组的 TMA 系数来看，没有实施高管激励计划的企业技术并购显著提升了当期技术创新产出绩效 IOP_t，但并未显著促进并购后一年的技术创新促进绩效 IPP_{t+1}；而对于激励组企业，无论是从技术并购对技术创新产出绩效 IOP_t 的影响，还是对技术创新促进绩效 IPP_{t+1} 的影响，TMA 系数都在 1% 的水平上通过显著性检验。这一结论与前文的拓展检验中的结论一致。这说明实施高管激励计划的企业和未实施高管激励计划的企业在技术并购对技术创新绩效的影响方面的确存在差异。

表 5-16 按高管激励分组检验模型 3 与 4 回归结果

	模型 3 IOP_t 中介效应 （INc=1）	模型 3 IOP_t 中介效应 （INc=0）	模型 3 IPP_{t+1} 中介效应 （INc=1）	模型 4 IOP_t 调节中介效应 （INc=1）	模型 4 IPP_{t+1} 调节中介效应 （INc=1）
$Earning_{it}$	0.5990*** （9.63）	0.4672*** （9.42）	0.6267*** （11.51）	0.6081*** （9.72）	0.6376*** （16.66）
$Earning_{it} \times TMA$	0.2518*** （4.37）	0.0447 （1.12）	0.0840** （2.28）	0.2369*** （8.10）	0.1528*** （2.74）
$Earning_{it} \times GP$	−0.0393 （−0.82）	−0.3299*** （−11.32）	−0.2649*** （−8.89）	−0.0751 （−1.14）	−0.3746*** （−3.99）
TMA	0.0032 （0.75）	0.0012 （0.38）	0.0013 （0.44）	0.0071 （0.41）	0.0038 （0.89）
GP	−0.0513*** （−11.45）	−0.0080*** （−4.04）	−0.0101*** （−4.23）	−0.0142*** （−7.55）	−0.0454*** （−9.43）
IOP_t	0.0036*** （2.79）	0.0035** （2.41）		0.0014 （1.45）	
IPP_{t+1}			0.0018*** （3.43）		0.0005 （1.21）
$Earning_{it} \times IOP_t$	0.1184*** （8.19）	0.0418 （1.30）		0.0107*** （4.45）	
$Earning_{it} \times IPP_{t+1}$			0.0038*** （3.13）		0.0217** （2.49）
$Earning_{it} \times GP \times IOP_t$				−0.0814*** （−4.60）	
$Earning_{it} \times GP \times IPP_{t+1}$					−0.0950** （−2.49）
$Size$	0.0457*** （9.47）	0.0211*** （6.51）	0.0179*** （5.30）	0.0308*** （11.66）	0.0441*** （8.81）
Lev	−0.0250*** （−7.97）	−0.0201*** （−8.60）	−0.0171*** （−6.87）	−0.0221*** （−11.57）	−0.0265*** （−7.86）

续　表

	模型 3 IOP_t 中介效应（INc=1）	模型 3 IOP_t 中介效应（INc=0）	模型 3 IPP_{t+1} 中介效应（INc=1）	模型 4 IOP_t 调节中介效应（INc=1）	模型 4 IPP_{t+1} 调节中介效应（INc=1）
State	−0.0078* （−1.73）	−0.0203*** （−6.76）	−0.0133*** （−3.88）	−0.0121*** （−4.79）	−0.0055 （−1.17）
*Top*1	0.0004*** （3.13）	0.0003*** （2.95）	0.0003*** （2.61）	0.0004*** （5.28）	0.0008*** （6.06）
Toptenshare	0.0002* （1.76）	0.0003*** （3.13）	0.0002** （2.02）	0.0004*** （5.02）	0.0005*** （3.69）
Rev	0.0675*** （8.14）	0.0295*** （6.94）	0.0302*** （6.46）	0.0382*** （10.32）	0.0477*** （5.37）
Labor	0.0012 （0.48）	0.0096*** （5.62）	0.0027* （1.95）	0.0101*** （5.51）	0.0000 （0.01）
MAPrice	−0.0001 （−0.14）	−0.0119*** （−2.75）	−0.0051 （−1.07）	−0.0006 （−0.61）	−0.0005 （−0.49）
Dual	−0.0143*** （−4.08）	−0.0088*** （−3.47）	−0.0084*** （−3.27）	−0.0382** （−2.19）	−0.0072* （−1.94）
常数项	−0.4134*** （−7.73）	−0.1479*** （−4.39）	−0.1011*** （−2.82）	−0.2108*** （−8.08）	−0.3884*** （−7.27）
样本量	1576	2734	1335	1576	1335
F 值	71.96***	96.52***	81.70***	138.15***	67.25***
*Adj R*²	0.5290	0.5412	0.5637	0.6165	0.6270

注："*INc*" 表示 "*Incentive*"，"*"""**"""***" 分别表示在 10%、5% 和 1% 水平上显著。

由于表 5-15 显示，非激励组不能带来并购后 1 年的技术创新促进效应，故表 5-16 中介模型 3 只列示了非激励组的技术创新产出效应的检验结果。实证结果表明，$Earning_{it} \times IOP_t$ 系数没有通过显著性检验。这说明非激励组的技术创新绩效没有发挥中介传导作用，故在非激励组中，技术购不能显著影响收购公司盈余持续性。而在激励组中，$Earning_{it} \times IOP_t$ 和 $Earning_{it} \times IPP_{t+1}$ 的系数都通过显著性检验，这说明实施高管激励的企业，其当期技术创新产出绩效和并购后 1 年技术创新促进绩效均能发挥中介效应，从而影响盈余持续性。

由表 5-16 的中介效应模型 3 得出，只有在激励组中，技术并购企业通过技术创新绩效的中介传导作用1提升收购公司的盈余持续性。因此，表 5-16 调节中介模型 4 只列出了激励组的 IOP_t 和 IPP_{t+1} 调节中介效应的两列回归结果。$Earning_{it} \times TMA$ 系数、$Earning_{it} \times IOP_t$、$Earning_{it} \times IPP_{t+1}$ 中介效应系数以及 $Earning_{it} \times GP \times IOP_t$ 和 $Earning_{it} \times GP \times IPP_{t+1}$ 调节中介效应系数，均在 1% 水平上通过显著性检验。这说明实施高管激励计划的企业，技术创新绩效的中介效应显著存在，且其技术创新绩效的中介效应均受到收购公司成长潜力的显著调节作用。

通过上述激励组和非激励组的分组检验，我们可以得出：技术创新绩效发挥技术并购影响盈余持续性的调节中介效应在实施高管激励的企业中显著成立，而在未实施高管激励计划的企业中并不成立。对于实施高管激励计划的企业和未实施高管激励计划的企业而言，技术并购、技术创新绩效与盈余持续性三者关系中的中介传导机制存在显著差异。

5.5.3 区分股权集中度

本小节按照股权集中度不同，把并购样本划分为高股权集中度组（$Ownership=1$）和低股权集中度组（$Ownership=0$）。按照前述有调节中介效应的模型进行四步法回归，具体划分方法如下：根据收购公司的第一大股东持股比例的大小进行分组，先计算出全部样本第一大股东持股比例的均值，将第一大股东持股比例高于全样本均值的企业设为高股权集中度组（$Ownership=1$），第一大股东持股比例低于全样本均值的企业设为低股权集中度组（$Ownership=0$），以检验两组样本技术并购对盈余持续性的影响差异，以及两维度技术创新绩效发挥中介效应的具体传导路径的差异。股权集中度分组回归结果具体如下。模型 1 与 2 回归结果见表 5-17，模型 3 与 4 回归结果详见表 5-18。

表 5-17　按股权集中度分组检验模型 1 与 2 回归结果

	模型 1 盈余持续性（OWS=1）	模型 1 盈余持续性（OWS=0）	模型 2 IOP_t（OWS=1）	模型 2 IOP_t（OWS=0）	模型 2 IPP_{t+1}（OWS=1）	模型 2 IPP_{t+1}（OWS=0）
$Earning_{it}$	0.5201*** （15.45）	0.3083*** （8.92）				
$Earning_{it} \times TMA$	0.3414*** （9.59）	0.2234*** （6.55）				
$Earning_{it} \times GP$	−0.2709*** （−6.19）	−0.0944** （−2.42）				
TMA	0.0863** （2.15）	0.0120*** （4.15）	1.3420*** （23.73）	1.4360*** （30.79）	0.9149*** （4.21）	0.1197 （0.42）
GP	−0.3794*** （−13.92）	−0.0166*** （−5.88）	−0.0737 （−0.86）	−0.0369 （−0.95）	−0.2385 （−1.00）	−1.4852*** （−5.42）
$Size$	0.0386*** （10.39）	0.0347*** （9.52）	0.3160 （0.50）	0.3504*** （7.06）	0.6887** （2.54）	2.3902*** （7.75）
Lev	−0.0296*** （−10.92）	−0.0270*** （−9.89）	0.2809*** （5.79）	0.7637** （2.07）	0.9871*** （4.88）	−2.0860*** （−9.38）
$State$	−0.0248*** （−5.33）	−0.0118*** （−3.24）	0.0362 （0.54）	0.4181*** （6.96）	0.2521 （0.87）	1.1057*** （2.92）
$Toptenshare$	0.0002** （2.06）	0.0002* （1.69）	0.0072** （2.25）	0.0057*** （3.04）	0.0308** （2.30）	0.0306*** （2.64）
Rev	0.0307*** （7.60）	0.0454*** （7.63）				
$Labor$	0.0060*** （3.86）	0.0003 （0.15）				
$MAPrice$	−0.0013 （−1.54）	−0.0170*** （−3.24）				
$Dual$	−0.0023 （−0.83）	−0.0044 （−1.54）				
常数项	−0.0630** （−2.08）	−0.3013*** （−7.71）	−3.9002*** （−6.28）	−2.6760*** （−5.17）	−4.6773*** （−3.89）	−1.9366 （−0.55）

129

	模型 1 盈余持续性 （ OWS=1 ）	模型 1 盈余持续性 （ OWS=0 ）	模型 2 IOP$_t$ （ OWS=1 ）	模型 2 IOP$_t$ （ OWS=0 ）	模型 2 IPP$_{t+1}$ （ OWS=1 ）	模型 2 IPP$_{t+1}$ （ OWS=0 ）
样本量	1952	2358	1952	2358	1652	2027
F 值	108.42***	96.83***	165.33***	255.84***	22.91***	27.03***
Adj R^2	0.6342	0.4982	0.3953	0.4543	0.1047	0.1005

注："OWS"表示"Ownership"，"*""**""***"分别表示在 10%、5% 和 1% 水平上显著。

表 5-17 中，模型 1 高股权集中度组和低股权集中度组的两列回归结果显示，两组样本的 Earning$_{it}$×TMA 的系数在 1% 水平上均通过显著性检验。这充分说明股权集中度的大小不会显著影响技术并购与盈余持续性的关系，即两组中均发现技术并购能够显著提升收购公司的盈余持续性，两组在技术并购对盈余持续性的影响上不存在显著差异。

表 5-17 模型 2 高股权集中度组和低股权集中度组的四列回归结果中，从 TMA 的系数来看，高股权集中度组，无论是从技术并购对技术创新产出绩效 IOP$_t$ 的影响，还是对技术创新促进绩效 IPP$_{t+1}$ 的影响，TMA 系数都在 1% 水平上通过显著性检验。这说明在高股权集中度组中，技术并购显著提升了收购公司的两维度技术创新绩效，而对于低股权集中度组，技术并购只是显著提升了当期技术创新产出效应，而未能显著提升并购后一年的技术创新促进效应。两组在是否提升技术创新促进效应方面存在显著差异。

表 5-18　按股权集中度分组检验模型 3 与 4 回归结果

	模型 3 IOP$_t$ 中介效 应（ OWS=1 ）	模型 3 IPP$_{t+1}$ 中介效 应（ OWS=1 ）	模型 3 IOP$_t$ 中介效 应（ OWS=0 ）	模型 4 IPP$_{t+1}$ 调节 中介效应 （ OWS=1 ）	模型 4 IOP$_t$ 调节 中介效应 （ OWS=0 ）
Earning$_{it}$	0.5855*** （12.08）	0.7275*** （16.98）	0.5143*** （10.22）	0.8084*** （18.80）	0.5779*** （11.12）

	模型 3 IOP_t 中介效应 (OWS=1)	模型 3 IPP_{t+1} 中介效应 (OWS=1)	模型 3 IOP_t 中介效应 (OWS=0)	模型 4 IPP_{t+1} 调节中介效应 (OWS=1)	模型 4 IOP_t 调节中介效应 (OWS=0)
$Earning_{it} \times TMA$	0.1266*** （2.80）	0.0977** （2.25）	0.3441*** （8.64）	0.0938** （2.11）	0.3025*** （7.57）
$Earning_{it} \times GP$	−0.3911*** （−13.82）	−0.2646*** （−7.73）	−0.1203*** （−3.10）	−0.2552*** （−6.18）	−0.4281*** （−4.16）
TMA	0.0152*** （4.47）	0.0118*** （3.67）	0.0179*** （5.26）	0.0117*** （3.61）	0.0165*** （4.90）
GP	−0.0082*** （−3.69）	−0.0194*** （−7.64）	−0.0184*** （−6.50）	−0.0192*** （−7.39）	−0.0180*** （−6.49）
IOP_t	0.0037*** （2.65）		0.0039*** （3.22）		0.0012 （0.96）
IPP_{t+1}		0.0024*** （5.14）		0.0023*** （5.11）	
$Earning_{it} \times IOP_t$	0.0138 （0.63）		0.0801*** （5.60）		0.0488* （1.84）
$Earning_{it} \times IPP_{t+1}$		0.0269*** （3.70）		0.0293*** （3.13）	
$Earning_{it} \times GP \times IOP_t$					−0.1597*** （−5.75）
$Earning_{it} \times GP \times IPP_{t+1}$				−0.0575*** （−7.11）	
$Size$	0.0284*** （8.83）	0.0268*** （7.39）	0.0384*** （9.73）	0.0266*** （7.34）	0.0377*** （9.48）
Lev	−0.0204*** （−8.35）	−0.0187*** （−6.98）	−0.0283*** （−9.72）	−0.0189*** （−7.03）	−0.0275*** （−9.34）
$State$	−0.0031 （−1.07）	−0.0135*** （−4.05）	−0.0132*** （−3.33）	−0.0137*** （−4.11）	−0.0095** （−2.32）

	模型3 IOP_t 中介效应（OWS=1）	模型3 IPP_{t+1} 中介效应（OWS=1）	模型3 IOP_t 中介效应（OWS=0）	模型4 IPP_{t+1} 调节中介效应（OWS=1）	模型4 IOP_t 调节中介效应（OWS=0）
Toptenshare	0.0000 （0.38）	0.0003** （2.28）	0.0003*** （3.59）	0.0003** （2.27）	0.0001 （1.5）
Rev	0.0315*** （7.70）	0.0301*** （6.27）	0.0490*** （8.23）	0.0302*** （6.28）	0.0485*** （8.25）
Labor	0.0069*** （4.33）	0.0073*** （4.46）	0.0009 （0.42）	0.0074*** （4.47）	0.0013 （1.59）
MAPrice	−0.0017** （−1.98）	−0.0015* （−1.91）	−0.0168*** （−3.23）	−0.0016* （−1.93）	−0.0170*** （−3.24）
Dual	−0.0023 （−0.84）	−0.0036 （−1.29）	−0.0040 （−1.43）	−0.0034 （−1.18）	−0.0028 （−1.03）
常数项	−0.0665** （−2.17）	−0.0614* （−1.76）	−0.2966*** （−7.45）	−0.0658* （−1.80）	−0.3014*** （−7.66）
样本量	1952	1652	2358	1652	2358
F 值	95.05***	88.54***	88.25***	82.92***	86.89***
Adj R^2	0.6374	0.6548	0.5111	0.6549	0.5236

注："OWS"表示"Ownership"，"*""**""***"分别表示在10%、5%和1%水平上显著。

从表5-18的中介模型3高股权集中度组和低股权集中度组的四列回归结果来看，在高股权集中度组中，$Earning_{it} \times IPP_{t+1}$系数通过显著性检验，$Earning_{it} \times IOP_t$系数没有通过显著性检验。这说明对于高股权集中度组样本来说，其技术创新绩效的中介效应是通过技术创新促进效应来发挥中介传导作用，从而影响盈余持续性的。而对于低股权集中度组，$Earning_{it} \times IOP_t$ 系数通过显著性检验。这说明对于低股权集中度组样本来说，其技术创新绩效的中介效应只是通过技术创新产出效应来发挥中介传导作用，从而去影响盈余持续性的。两组在具体中介传导路径上存在显著差异。

由中介效应模型 3 得出，高股权集中度组通过 IPP_{t+1} 发挥技术并购效应影响盈余持续性的中介传导作用，而低股权集中度组是通过 IOP_t 发挥技术并购影响盈余持续性的中介传导作用，因此，表 5-18 中，调节中介模型 4 只列出了高股权集中度组的 IPP_{t+1} 调节中介效应和低股权集中度组的 IOP_t 调节中介效应的回归结果。从高股权集中度组来看，$Earning_{it} \times TMA$ 系数、$Earning_{it} \times IPP_{t+1}$ 中介效应系数，以及 $Earning_{it} \times GP \times IPP_{t+1}$ 调节中介效应系数均在 1% 水平上通过显著性检验。这说明在高股权集中度组中，技术创新绩效的中介效应是通过 IPP_{t+1} 发挥技术并购影响盈余持续性的中介传导作用，且并购后 1 年技术创新促进绩效 IPP_{t+1} 中介变量对收购公司盈余持续性的影响受到公司成长潜力的显著调节作用。从低股权集中度组来看，$Earning_{it} \times TMA$ 系数、$Earning_{it} \times IOP_t$ 中介效应系数，以及 $Earning_{it} \times GP \times IOP_t$ 调节中介效应系数也均在 1% 水平上通过显著性检验。这说明在低股权集中度组中，技术创新绩效的中介效应通过 IOP_t 发挥技术并购影响盈余持续性的中介传导作用，且当期技术创新促进绩效 IOP_t 中介变量对收购公司盈余持续性的影响受到收购公司成长潜力的显著调节作用。

通过上述高股权集中度组和低股权集中度组的分组检验，我们可以得出：技术创新绩效发挥技术并购影响盈余持续性的调节中介效应均存在，但两组的具体传导路径存在差异。高股权集中度组通过技术创新促进绩效的中介效应去提升收购公司的盈余持续性，而低股权集中度组通过技术创新产出绩效的中介效应去提升收购公司的盈余持续性，两组在技术并购与盈余持续性两者关系中的中介传导路径方面存在显著差异。

5.6 小结

科技创新是引领发展的第一动力。企业技术创新是实现企业利润持续增长和国家可持续发展的重要途径。作为外部技术创新方式之一的技术并购，由于能够快速获取和提升企业技术优势，因此，在实践中受到众多高科技企业的青睐。然而，现有的研究技术并购的文献只关注技术并购对创新绩效的影响，忽视了技术创新只是企业创造持续盈余的一种重要手段，企业技术创新的目的是实现企业盈余和企业价值的持续增长。因此，本章尝试研究技术并购、技术创新绩效和盈余持续性三者之间的关系，以技术创新绩效的中介效应为视角，同时考察收购公司成长潜力对中介作用的调节效应，揭示技术并购通过技术创新绩效路径对盈余持续性的影响机制及作用机理。这将延伸和拓展现有相关领域的理论研究，本章的研究具有一定的理论和现实意义。

笔者以我国高科技产业上市公司发生的并购事件作为研究对象，实证考察技术并购、技术创新绩效和盈余持续性三者的关系。研究结果得出以下几种结论。①技术并购能够显著提升收购公司的盈余持续性。②技术并购显著提升了两维度的技术创新绩效，且通过两维度的技术创新绩效的中介效应的传导作用，进而提升收购公司的盈余持续性。③技术创新绩效的中介效应还受到收购公司的成长潜力的调节，收购公司的成长潜力越大，技术创新绩效与盈余持续性之间的关系也越强。④对于国有企业和非国有企业，两者在技术并购、技术创新绩效与盈余持续性三者关系中的中介传导机制存在显著差异。非国有企业能够充分发挥技术创新绩效的中介传导作用，从而影响企业的盈余持续性，技术创新绩效发挥技术并购影响盈余持续性的中介效应在非国有企业显著成立；但在国有企业中，技术创新绩效的中介效应不显著，技术并购未能显著影响企业的盈余持续性。⑤实施高管激励计划的企业和未实施高管激励计划的企业，在技术并购、技术创新绩效与盈余持续性三者关系中的中介传导机制也存在显著差异。实施高管激励计划的企业能够发挥技术创新绩效的中介传导作用，从而影响企业的盈余持续性，技术创新绩效发挥技术并购影响盈余持续性的中介效应在实施高管激励计划的企业中显著成立，而在未实施高管激励计划的企业中并不成立。⑥对于高股权集中度企业和低股权集中度企业，两组在技术并购与盈余持续性关系中的中介传导路径存在显著差异。技术创新绩效发挥技术并购影响盈余持续性的中介效应均存在，但两组的具体传导路径存在差异，高股权集中度组通过技术创新促进绩效的中介效应去提升收购公司的盈余持续性，而低股权集中度组则通过技术创新产出绩效的中介效应去提升收购公司的盈余持续性。

通过对高科技产业上市公司的技术并购、技术创新绩效与盈余持续性的关系研究，得出以下研究启示。

（1）高科技产业上市公司要保持盈余持续增长，必须依靠技术创新；而技术创新能力的获取，可以选择技术并购方式。技术创新是保持企业，尤其是高科技企业未来成长潜力和盈余持续增长的重要推动力量。企业价值和财富的增长，归根结底，要依靠企业的技术创新度和获取的技术创新绩效。企业只有持续不断地进行技术创新，真正获取技术创新的创新绩效，才能进一步将之转化为企业的内在盈利能力，这是保证企业财富不断增长的重要基础。而技术创新绩效的取得，可以通过技术并购这种快速的外部技术创新方式来实现。本章已实证研究发现技术并购、技术创新绩效和企业盈余持续性三者的内在逻辑关系，技术并购显著提升了技术创新绩效，并通过技术创新绩效发挥中介传导作用，进一步提升收购公司的盈余持续性。因此，对于一些内部研发周期长的项目，企业可以选择技术并购的方式来提升其技术研发和创新能力。在取得技术创新绩效的同时，进一步提升了企业的盈余持续性，实现了企业价值和财富不断增长的目标。

（2）具备高成长潜力的收购公司可优先选择技术并购方式，这更能通过技术创新绩效去有效地提升企业的盈余持续性。本章研究表明，收购公司的成长潜力越大，技术创新绩效与盈余持续性的关系也越强。收购公司的成长潜力水平发挥了技术创新绩效影响盈余持续性的重要调节作用。高成长潜力的收购公司通常自身已经具备一定的创新能力和技术知识储备基础，凭借其较强的技术吸收能力和较高的创新效率，使得其对外部获取的新技术能够进行快速的学习、消化吸收和内在转化，不断提升收购公司自身的研发能力和自主创新能力，加速公司的稳定快速成长和发展，不断推动收购公司未来盈余持续性的稳定增长。因此，对于已经具备一定技术储备基础的高成长潜力的高科技公司，凭借其自身的技术优势，更应该优先选择技术并购这种外部技术创新方式，不断进行技术攻关，加快技术创新的步伐，实现自身研发能力和创新能力的螺旋式上升，从而实现企业的盈余持续性增长和企业财富的稳定增长，推动企业不断做大做强。

（3）国有企业在注重技术创新的同时，还应重视管理创新和制度创新，促使技术创新绩效快速有效地转化为企业内在的持续盈利能力，促进企业盈余持续性的稳定增长。本章研究发现，在国有企业中，技术创新绩效并未显著发挥技术并购影响盈余持续性的中介传导效应，但国有企业的技术并购与当期技术创新产出绩效存在显著的正相关关系。这充分说明，国有企业虽然重视技术引进，能够带来当期技术创新产出，但并未显著带来并购后 1 年的技术创新促进效应。因此，国有企业需要加强对技术与知识的学习和掌握，将外部技术知识有效地内化为自主创新能力，同时要在将技术创新效应转化成能够真正促使国有企业做大做强的基础——稳定持续的盈利能力上下足功夫。国有企业如果想把技术创新绩效与企业内在盈余持续性之间的链条打通，还需要重视管理创新和制度创新。通过对高管或核心技术骨干进行股权激励、引入战略投资者、内部控制等各种公司治理的制度创新和管理方法手段的创新，减少管理层的代理成本和利己动机，避免各年间盈余波动性过大；同时真正激发管理层和企业核心技术员工的内在潜力和创造力，开拓思维，充分激发国有企业的活力，不断推动国有企业盈余持续性的稳定增长，使国有企业朝着做大做强的目标前进。

第6章 技术并购的短期与长期资本市场反应拓展研究

在第4章研究技术并购的创新效应及第5章探索技术并购是否会通过技术创新效应的中介传导作用去影响盈余持续性的基础上，为了检验技术并购是否会给收购公司带来资本市场价值和长短期财富效应，以及探索技术并购能否增强企业盈余价值相关性等问题，本章将进一步拓展研究技术并购所带来的长短期资本市场反应，并检验分析师跟踪对技术并购长短期资本市场反应的调节作用。此外，还扩展检验了不同类型技术并购所产生的长短期资本市场反应的差异。

根据法玛（1970）的有效市场假说（EMH），资本市场能够对上市公司发布的有关公司决策的相关信息做出反应。罗斯（1977）的信号传递理论（signaling theory）也认为，在信息不对称的情况下，上市公司可以通过利润宣告、融资宣告或股利宣告这些常见的信号，向外界潜在的投资者传递公司内部信息，从而引起资本市场股票价格的波动，即资本市场反应。积极的资本市场反应表明投资者对决策公司价值的认可，它是公司资本市场价值的体现。

从现有研究并购公告短期资本市场反应的文献来看，大多数是基于信号传递理论，从短期视角采用事件研究法 CAR 模型来测算并购事件窗口期的累计超额回报率的。相关文献研究结果显示，凡是向资本市场投资者传递正面消息或说是"好消息"，就能够获得资本市场投资者的价值认同，从而带来显著的正向短期资本市场反应。随着我国资本市场的不断发展和完善，我国学者也开始尝试采用从长期视角的事件研究法 BHAR 模型（购买并一直持有至考察期结束的超额回报率模型）来测度并购事件长窗口期的买入并持有的超常收益率（张学勇，2017；王艳和李善民，2017；杨超和谢志华，2018；佟岩等，2021）。

那么，企业进行技术并购这一重大决策行为，是否会引起短期和长期资本市场的积极反应呢？笔者认为，技术并购公告会给投资者带来收购公司创新能力提升的良好预期和信号传递，属于"好消息"的范畴，能给收购公司带来积极的短期资本市场反应。同时，由于技术并购的创新效应具有时间上的滞后性的特点，企业的创新价值会随着时间的推移逐渐释放，这反映在企业盈余持续性的不断提升上，而由于盈余价值相关性的作用，价值效应的时间滞后性也逐渐被市场投资者所接受和认同，给企业带来长期的资本市场反应和价值效应。国内外有不少文献研究企业创新（创新能力、创新信息披露、创新投入等）与长期资本市场反应的关系。大多数文献肯定了企业创新能力的提升、创新信息的披露或是创新投入的增加都能带来积极正向的长期资本市场反应的结论（David Hirshleifer 等，2013；程新生等，2020；周铭山等，2017；刘柏和王馨竹，2019）。因此，笔者认为技术并购不仅是个"好消息"，会给收购公司带来显著的短期资本市场反应；同时，由于技术并购后收购公司创新价值的逐渐释放，还会对收购公司的长期资本市场反应产生显著积极的影响。因而，本章将具体从技术并购的短期资本市场反应和技术并购的长期资本市场反应进行细化研究。

综上所述，本章试图解答以下 6 个问题：①技术并购能否显著带来正向的短期资本市场反应？②分析师跟踪能否对技术并购的短期资本市场反应产生积极的调节作用？③不同类型的技术并购的短期资本市场反应是否存在差异？④技术并购能否显著带来正向的长期资本市场反应？⑤分析师跟踪能否对技术并购的长期资本市场反应产生积极的调节作用？⑥不同类型的技术并购的长期资本市场反应是否存在差异？

本章的主要贡献在于：①检验了分析师跟踪对技术并购的长短期资本市场反应的显著调节作用；②根据不同技术并购的类型，检验了技术并购异质性所带来的长短期资本市场反应的差异，对现有并购公告市场反应研究进行了有益的补充与完善；③不同于现有研究并购公告资本市场反应的文献，本章通过对技术并购的长期资本市场反应的研究，验证了技术并购对盈余价值相关性的影响，进一步厘清了技术并购的长期资本市场反应的传导机制，这将延伸和拓展并购公告资本市场反应的理论研究。

6.1 技术并购的短期资本市场反应

6.1.1 理论分析与研究假设

早期研究资本市场反应的文献多见于股利政策信号传递效应方面（陈浪南和姚正春，2000；何涛和陈晓，2002；孔小文和于笑坤，2003；李常青等，2010）和年度盈余公告披露方面（程小可和王化成等，2004；权小锋和吴世农，2010 等）。随着我国资本市场的逐渐成熟，基于事件研究法的 CAR 模型被广泛深入的运用，学者们尝试从多种不同的角度去研究公司内部重大事件或是宏观外部事件引起的资本市场反应。如研究社会责任信息披露的市场反应（陈玉清和马丽丽，2005）、审计质量与资本市场反应（温国山，2009）、内部控制信息披露的资本市场反应（杨清香和俞麟等，2012）、媒体关注或报道与资本市场反应（于忠泊和田高良等，2012；黄辉，2013）、公司定向增发整体上市行为的市场反应（佟岩等，2015）、精准扶贫行为与资本市场反应（易玄等，2020）、重大突发公共卫生事件的市场反应（陈赟和沈艳等，2020）、研发或创新信息披露及数字技术公告的市场反应（张娟和黄志忠，2020；孙洁等，2020）。

通过对以上文献的研究，我们发现：公司需要产品行业和交通运输业的社会责任披露与其股价显著正相关；内部控制信息披露反映内控，是有效的信息披露，能够引起资本市场的正面反应；媒体关注会放大盈余信息的市场反应程度，而媒体负面报告会引起更加显著的负面市场反应；在突发公共卫生事件中，上市公司所在地公共治理能力越强，其对上市公司的资本市场股票收益率的显著正向影响越大；国有企业和民营企业参与精准扶贫都能产生正面积极的资本市场反应；企业研发或创新信息的披露得越详细、越易理解，其对上市公司的盈余市场反应越显著，尤其以人工智能、大数据等新兴数字技术投资公告的宣告会带来显著正面的资本市场反应。从这些文献的研究结果可知，凡是向资本市场投资者传递的是正面消息或说是"好消息"，均能够获得资本市场投资者的价值认同，从而带来显著的资本市场积极反应。

并购是企业的一项重大决策行为，上市公司披露的并购公告属于公司重要的内部决策信息，该信息一旦披露，必然会引起资本市场投资者的关注，从而引起股票价格的波动，即并购公告市场反应。现有研究并购公告的短期资本市场反应的文献大都基于事件研究法，计算累计超额收益率 CAR 来衡量并购的短期资本市场反应或财富效应。不同的文献从多种不同的视角研究了并购公告的短期资本市场反应。如并购特征视角（李善民和陈玉罡，2002；吕超，2018；杨超和谢志华，2018），政府干预、政治关联及董事联结等不同社会关系网络视角（潘红波等，2008；陈仕华，2013），公司外部治理视角（唐建新和陈冬，2010；姚益龙等，2014），非正式制度视角如企业文化、社会信任（王艳和阚铄，2014；蔡宁，2019；王艳和李善民，2017），投资者调研、投资者网络搜索视角（Reyes，2018；傅祥斐等，2019；傅祥斐等，2020）。

通过对以上文献的研究，我们发现，一方面企业并购信息的披露能够给收购方公司带来显著正向的短期资本市场反应（财富效应）。李善民和陈玉罡

（2002）研究了上市公司兼并与收购的短期财富效应，其采用 [-10，30] 作为并购事件的窗口期，计算了多个子区间段的累计超额收益率 CAR，以此来检验不同并购类型对收购公司和目标公司短期财富效应的影响。其研究发现，并购能给收购公司带来显著的正向财富效应，且收购股权类和整体收购类的收购公司的 CAR 值较大且显著。吕超（2018）研究了并购商誉的披露对并购公告市场反应的影响，采用 [-3，3] 作为并购事件的窗口期来计算累计超额收益率 CAR 以衡量并购公告的短期资本市场反应。其研究发现，并购公告中并购商誉信息披露能给收购方带来显著正向的累计超额回报率 CAR。

另一方面，研究得出在某些因素（如政府干预、地区投资者保护、要素市场发展、社会信任、方言差异、签订业绩承诺协议及投资者网络搜索和调研）的影响下，并购公告短期资本市场反应会更加显著积极。潘红波等（2008）研究了地方国有上市公司收购非上市公司的并购事件，检验政府干预下政治关联收购的并购公告市场反应。该研究发现，在事件窗口期，亏损的国有收购公司的累计超额收益率为正，表明政府对于亏损国有收购公司的并购行为扮演了"支持之手"而不是"掠夺之手"的角色。唐建新和陈冬（2010）研究了地区投资者保护对企业异地并购的协同效应的影响。该研究发现，标的公司所在地的投资者保护程度对收购公司的并购绩效存在显著正向影响。姚益龙等（2014）研究了要素市场发展对企业异地并购绩效的影响，研究发现，央企和地方国企在两者的影响关系上存在差异。王艳和李善民（2017）研究了地区非正式制度社会信任对并购交易主体绩效的影响。该研究发现，收购公司所在地区社会信任程度显著影响收购公司的短期并购绩效。蔡宁（2019）则以收购公司与目标公司所在地的方言差异来测度文化差异，并以此来考察方言文化差异对收购公司并购绩效的影响。该研究发现，并购双方所在地的方言差异越大，并购公告的市场反应越好，支持了方差差异的学习效应假说。杨超和谢志华（2018）研究了并购中签订业绩承诺协议及其条款设置对收购公司并购绩效的影响，研究发现，签订业绩承诺协议的并购事件中，收购公司的并购绩效显著更好，且业绩承诺门槛与收购公司的并购绩效呈现显著正相关关系。Reyes（2018）研究了投资者网络搜索与美国上市公司并购公告市场反应，研究发现，当并购上市公司存在新闻报告时，投资者网络搜索增加带来了并购公告超额收益的增加。傅祥斐等（2019）研究了机构投资者调研对并购公告市场反应的影响，研究发现，机构投资者调研提高了并购公告市场反应，尤其是在非重大资产重组、非国有企业和现金支付的并购交易中，机构投资者调研对并购公告市场反应的提升作用更显著；通过机构投资者的异质性检验分析，发现证券公司和公募基金的调研对并购公告市场反应的提升作用也更显著。傅祥斐等（2020）研究了投资者网络搜索对并购公告市场反应的影响，研究发现，投资者网络搜索增加带来正向的并购公告市场反应。

技术并购属于企业并购中具有明确目的导向的一类特殊类型的并购，技术并购的目的就是获取技术和创新能力。因此，本章认为，技术并购公告的资本市场反应与数字技术投资公告的市场反应应该是一致的。孙洁等（2020）以2010—2018 年间发布的 5 类新兴数字技术（人工智能、区块链、云计算、大数据及物联网）投资公告为研究对象，基于事件研究法研究了其对企业市场价值的影响。该研究发现，数字技术投资公告均产生了正向显著的市场反应，对企业市场价值具有显著正向影响。有文献表明，企业宣告增加研发投资时，资本市场会做出股价上涨的积极反应，那些实际增加研发投资的公司能给股东带来更多的回报。而技术并购公告也是向投资者宣告企业的未来潜在创新能力的增强，给投资者传递收购公司未来的可持续竞争优势的增强，这个"好消息"势必会引起资本市场积极的反应。

基于以上研究文献和相关理论，笔者认为，技术并购能够给收购公司带来显著的短期资本市场反应。根据法玛的有效市场假说，在半强势或弱势有效市场中，只要投资者能够及时掌握上市公司的重要相关决策信息或对上市公司的股票做全面的基本面分析，就能够获取超额收益。另外，根据并购及其他方面的资本市场反应的文献的研究，好消息的披露必然会引起资本市场投资者的关注和市场向好预期，从而给投资者带来短期的资本市场超额回报。技术并购公告的宣告，就意味着企业未来潜在创新能力的提升，必然引起资本市场投资者的高度关注和对收购公司较高的市场预期，从而引起积极的短期资本市场反应。根据上述研究分析，提出以下假设：

H1：技术并购会显著带来正面的短期资本市场反应。

目前大多数文献研究已经证实，分析师在资本市场上发挥了企业和资本市场投资者之间的信息中介作用。一方面，分析师跟踪会提升公司信息的透明度（Healy 和 Palepu，2001；方军雄，2007；潘越，2011；Stephen 和 John，2012；Jiraporn 等，2012）。分析师通过实地调研或信息搜寻等方式对企业的内部私有信息进行深入挖掘，利用自身专业知识进行加工分析和专业解读，再传递给资本市场的公众投资者，增加投资者对公司相关信息的可理解性，扮演了信息传递和信息揭示的重要角色。另一方面，分析师跟踪能够缓解信息不对称（Francis 等，1997；Ayers 和 Freeman，2003；Piotroski 和 Roulstone，2004），能够提高股票价格的信息增量，降低公司股价的同步性，提升资本市

141

场资源配置的引导作用和运行效率（Lys 和 Sohn， 1990；Womack， 1996；Frankel 和 Li， 2004；朱红军，2007；周铭山等，2016）。分析师跟踪能让更多的资本市场投资者了解和关注所跟踪公司的情况，从而影响投资者的行为和所跟踪公司的股价（Mikhail，2004；Graham 等，2005；潘越，2011；伊志宏，2015）。

分析师跟踪除了在资本市场中发挥信息加工传递的重要作用之外，还能在实体经济中发挥缓解信息不对称的作用，推动实体经济的发展。已有研究表明，分析师跟踪会对实体经济中企业的投融资行为产生显著影响。宫义飞和郭兰（2012）、刘星和陈西婵（2018）发现分析师跟踪能够发挥信息传递效应，缓解企业与银行之间的信息不对称，从而缓解企业的融资约束问题。徐欣和唐清泉（2010）则研究了分析师跟踪对企业研发投资行为的影响。研究表明，分析师更愿意对创新类公司进行跟踪和投入更多的时间去收集挖掘创新公司更多的信息。这有利于资本市场投资者对企业研发投资活动价值的认可，从而推动企业更多的 R&D 活动。余明贵（2017）、陈钦源等（2017）研究了分析师跟踪对企业创新绩效的影响。研究认为，分析师跟踪能够通过缓解信息不对称和企业的融资约束，提升企业的创新绩效。

基于以上文献和分析，笔者认为，对于企业的技术并购事件，分析师会对创新类的公司更加关注，通过各种方式搜寻和挖掘相关信息，经过专业分析和解读后提供给资本市场公众投资者。分析师跟踪能够有效发挥信息传递功能，提高公司的信息透明度，缓解公司的信息不对称问题，增加股票的信息含量，有利于资本投资者识别企业创新的价值，引导投资者对公司资本市场价值做出更合理的判断和进行有效决策，从而放大技术并购事件对公司股票价格的影响，引起更加积极的短期资本市场反应。根据上述研究分析，提出以下假设：

H2：分析师跟踪会显著放大技术并购的短期资本市场反应。

6.1.2 样本选择及数据来源

选择 2009—2017 年间中国全部 A 股中隶属高科技产业的上市公司的并购事件作为研究对象。借鉴国家统计局颁布的《战略性新兴产业分类》（2012）、高技术产业（制造业）分类（2017）及高技术产业（服务业）分类（2018），再比照中国证监会 2012 年颁布的《上市公司行业分类指引》的行业划分，具体选择 I、C25、C26、C27、C35、C36、C37、C38、C39、C40 、N77、M 共 4 个大类、12 个小类作为全部样本,样本剔除了 ST 公司和其他数据缺失的公司，最终获取当期并购总样本观测值 1370 个，其中，技术并购样本观测值 589 个。

　　并购样本数据来自 CSMAR "中国上市公司并购重组研究数据库"。技术并购数据主要根据 CSMAR 数据库的交易概述描述并结合公司并购公告、收购公司年报及上海证券交易所和深圳证券交易所官网手工收集的数据综合判断得出，技术并购公司窗口期日股票回报率和日平均市场收益率来自 Wind 数据库，技术并购公司其他财务数据和分析师跟踪数据均来自 CSMAR 数据库。

6.1.3　模型设置及变量定义

　　为了检验研究假设，借鉴 Reyes（2018）、王艳和李善民（2017）、傅祥斐等（2019）的方法，根据上市公司技术并购首次宣告日的时间，采用事件研究法构建短窗口市场反应模型（6-1），以检验技术并购产生的短期资本市场反应，基本模型如下：

$$CAR = \alpha_0 + \alpha_1 TMA + \alpha_2 Analyst + \alpha_3 Aanlyst \times TMA + $$
$$\alpha_4 Size + \alpha_5 LEV + \alpha_6 State + \alpha_7 Top1 + \alpha_8 Toptenshare + \quad （6-1）$$
$$\alpha_9 ROA + \alpha_{10} Intasset + \alpha_{11} GP + \sum Year + \varepsilon_{it}$$

$$CAR_{i,t} = \sum_{t=m}^{n}(R_{i,t} - R_{mi,t}) \quad （6-2）$$

其中，CAR 为被解释变量，是根据市场调整法计算得出的样本股票累计超额回报率，事件窗口期设置为并购公告首次宣告日的前后三天，计算窗口为 [-1，+1]，具体计算公式如模型（6-2）所示，$R_{i,t}$ 代表当日公司股票回报率；$R_{mi,t}$ 代表当日平均市场收益率。

　　TMA 为解释变量，是技术并购亚变量，若发生技术并购，则 TMA=1，否则为 0。根据研究假设，预期模型中 TMA 的系数 α_1 应显著为正，交互项系数 α_3 显著为正。在进一步检验中，将区分技术并购类型以分别检验不同类型技术并购（TMA_{type} 和 TMA_{area}）对资本市场的短期反应差异。具体变量定义详见表 6-1 所列。

表 6-1　变量定义一览表

变量类别	变量名	变量定义
被解释变量	CAR	按市场调整法计算得到的累计超额回报率，计算窗口为 [-1，+1]

变量类别	变量名	变量定义
解释变量	TMA	是否进行技术并购，发生技术并购，则 $TMA=1$，否则为 0
	TMA_{type}	将技术并购区分为技术进入型和技术巩固型，如果技术并购是技术进入型，则 $TMA_{type}=1$，否则为 0
	TMA_{area}	将技术并购区分为国内技术并购和跨境技术并购，如果技术并购是国内技术并购，则 $TMA_{area}=1$，否则为 0
调节变量	$Anaylst$	分析师跟踪，用分析师跟踪数量的自然对数表示
控制变量	$Size$	公司规模，用总资产的自然对数表示
	Lev	杠杆水平，用总负债的自然对数表示
	$State$	依据产权性质，若为国有企业，取 1，其他取 0
	$Top1$	当期期末公司第一大股东持股比例
	$Toptenshare$	当期期末公司前十大股东持股比例
	ROA	当期净利润／期末总资产
	$Intasset$	无形资产规模，用无形资产的自然对数表示
	GP	公司成长潜力水平，用账面价值／市场价值来衡量

6.1.4　描述性统计

表 6-2 报告了主要变量的描述性统计结果。从表 2 可见，CAR 最小值是 -0.0212，最大值是 0.3615，这说明样本公司技术并购带来的资本市场短期反应存在较大差异，而均值和中位数都为正，可见，总体来看，技术并购给资本市场潜在投资者带来了正向短期超额回报。TMA 的均值为 0.4364，说明技

术并购样本占全部并购样本的比例只有 4 成左右。从 TMA_{type} 和 TMA_{area} 的均值来看，技术并购多为技术巩固型的国内技术并购。

表 6-2　主要变量的描述性统计

变量	均值	标准差	最小值	中位数	最大值
CAR	0.0358	0.0201	−0.0212	0.0211	0.3615
TMA	0.4364	0.4963	0	0	1
TMA_{type}	0.0892	0.2853	0	0	1
TMA_{area}	0.9426	0.2326	0	1	1
$Analyst$	2.0434	1.0145	0.0000	2.1972	4.0253
$Size$	21.9504	1.2590	19.5500	21.7530	26.4920
Lev	20.8240	1.6674	16.8100	20.8190	25.9700
$State$	0.2928	0.4552	0	0	1
$Top1$	34.2808	14.7194	7.3400	31.8550	87.4600
$Toptenshare$	59.1797	13.9016	19.9200	60.6750	97.1200
ROA	0.1092	0.1282	−1.6111	0.1000	0.9516
$Intasset$	18.5645	1.7243	9.6843	18.6030	23.7677
GP	0.6453	0.6344	0.0300	0.4573	6.7177

6.1.5　实证回归结果及异质性检验分析

技术并购带来的短期资本市场反应的回归结果见表 6-3 所列。表 6-3 多元回归（1）显示，TMA 的系数在 1% 的水平上显著，表明技术并购带来了显著的正面短期资本市场反应，即投资者因技术并购事件的宣告平均获得了正向短期超额回报率，这支持了本章的研究假设 H1。表 6-3 多元回归结果（2）显示，TMA 和交互项的回归系数均在 1% 的水平上显著，表明分析师跟踪能够显著放大技术并购带来的短期资本市场反应。这支持了本章的研究假设 H2。

接着，进一步检验了不同类型技术并购（TMA_{type} 和 TMA_{area}）短期资本市场反应的差异。技术并购可以分为两个维度：按并购技术类型分为技术巩固型和技术进入型，按并购地区分为国内技术并购和境外技术并购。多元回归（3）

检验了 TMA_{type}（技术巩固型和技术进入型并购）短期资本市场反应的差异，多元回归（4）检验了 TMA_{area}（国内技术并购和境外技术并购）短期资本市场反应的差异，具体回归结果见表 6-3 多元回归（3）和多元回归（4）。多元回归（3）的结果显示，技术并购类型 TMA_{type} 的差异对资本市场的短期反应差异显著。也就是说，技术并购是技术巩固型还是技术进入型，会影响资本市场潜在投资者对收购公司的预期收益的判断。因此，在资本市场短期反应中能够显著区分两者的差异，资本市场潜在投资者对技术巩固型并购持更加积极乐观的态度，并做出了显著积极的短期市场反应，分析师跟踪也显著放大了这种短期积极市场反应。但是，多元回归（4）的结果显示，技术并购地区 TMA_{area} 的差异对资本市场短期反应的差异不显著，这说明资本市场的潜在投资者对技术并购在不同地区的并购效果差异不能进行识别，无法判断技术并购会不会因为地区不同而影响公司未来创新效果和盈余持续性，进而对技术并购的地区差异未能产生显著的短期资本市场反应。

表 6-3　技术并购的资本市场反应回归结果 $CAR[-1, 1]$

变量	多元回归（1）	多元回归（2）	多元回归（3）	多元回归（4）
TMA	0.0185*** （36.54）	0.0227*** （20.05）		
Analyst		0.0011*** （3.44）	0.0018*** （6.20）	0.0002 （0.13）
TMA × Analyst		0.0020*** （4.08）		
TMA$_{type}$			−0.0033* （−1.80）	
TMA$_{area}$				0.0040 （1.10）
TMAtype × Analyst			−0.0014* （−1.72）	
TMAarea × Analyst				0.0012 （0.75）
Size	0.0041*** （10.71）	0.0027*** （11.69）	0.0018*** （8.86）	0.0037*** （10.32）

变量	多元回归（1）	多元回归（2）	多元回归（3）	多元回归（4）
Lev	−0.0001* （−1.72）	−0.0002*** （−3.57）	−0.0001 （−1.39）	−0.0002** （−2.14）
State	0.0020*** （3.15）	0.0012** （2.04）	0.0020*** （3.59）	−0.0020** （−2.07）
*Top*1	−0.0001*** （−4.24）	−0.0001*** （−3.67）	−0.0001*** （−7.48）	−0.0002*** （−6.20）
Toptenshare	0.0000* （1.86）	0.0000* （1.94）	0.0001*** （4.09）	0.0003*** （6.55）
ROA	0.0060*** （2.83）	0.0040* （1.82）	0.0007 （0.39）	0.0093*** （2.59）
Intasset	0.0008*** （3.02）	0.0007*** （2.76）	0.0005* （1.79）	0.003 （0.48）
GP	−0.0028*** （−5.52）	−0.0030*** （−5.83）	−0.0016*** （−3.42）	−0.0030*** （−3.54）
常数项	−0.0762*** （−13.77）	−0.0854*** （−14.24）	−0.0430*** （−8.79）	−0.0785*** （−8.08）
样本量	1370	1370	589	589
F 值	209.16***	178.04***	19.93***	16.34***
Adj R^2	0.5677	0.5761	0.2637	0.2115

注：“***”“**”“*”分别表示在 1%、5% 和 10% 水平上显著。

6.1.6　稳健性检验

为了增强研究结论的稳健性，借鉴王艳和阚铄（2014）、王艳和李善民（2017）的做法，本章采用事件窗口期 [−2，+2] 替换回归模型中的事件窗口期 [−1，+1]，重新计算累计超额回报率 *CAR*，做稳健性检验。稳健回归结果详见表 6−4 所列。回归结果可知，技术并购 *TMA* 的系数在多元回归（1）和多元回归（2）中仍然在 1% 的水平上显著，多元回归（2）交互项的系数也仍然在 1% 的水平上显著。进一步区分技术并购类型和技术并购地区的多元回归（3）和多元回归（4），得到与前文回归结果一致的结论，即技术并购类型 TMA_{type} 的差异对资本市场的短期反应影响差异显著，而技术并购地区 TMA_{area} 的差异对资本市场的短期反应影响差异不显著。稳健性回归结果与前文结论保持一致，说明研究结论具有稳健性。

表 6-4　稳健回归结果 $CAR[-2，2]$

变量	多元回归（1）	多元回归（2）	多元回归（3）	多元回归（4）
TMA	0.0127*** （53.88）	0.0148*** （28.17）		
$Analyst$		0.0003** （2.03）	0.0018*** （6.24）	0.0006 （0.61）
$TMA \times Analyst$		0.0009*** （4.20）		
TMA_{type}			−0.0035* （−1.89）	
TMA_{area}				0.0002 （0.1）
$TMA_{type} \times Analyst$			−0.0015* （−1.78）	
$TMA_{area} \times Analyst$				0.0001 （0.06）
$Size$	0.0019*** （10.36）	0.0014*** （13.29）	0.0017*** （8.66）	0.0023*** （10.85）
Lev	−0.0001 （−1.6）	−0.0001*** （−3.73）	−0.0001 （−1.50）	−0.0001** （−2.08）
$State$	0.0012*** （4.23）	0.0011*** （3.95）	0.0020*** （3.51）	−0.0025** （−2.42）
$Top1$	−0.0001*** （−8.58）	−0.0001*** （−8.56）	−0.0002*** （−7.52）	−0.0002*** （−7.68）

变量	多元回归（1）	多元回归（2）	多元回归（3）	多元回归（4）
Toptenshare	0.0001*** （5.54）	0.0001*** （5.96）	0.0001*** （4.29）	0.0001*** （6.40）
ROA	0.0015 （1.50）	0.0042* （1.81）	0.0001 （0.05）	0.0036* （1.69）
Intasset	0.0003*** （2.63）	0.0003** （2.08）	0.0005 （1.56）	0.0001 （0.46）
GP	−0.0006*** （−2.77）	−0.0010*** （−4.08）	−0.0017*** （−3.66）	−0.0021*** （−4.15）
常数项	−0.0298*** （−11.52）	−0.0371*** （−13.34）	−0.0395*** （−8.05）	−0.0506*** （−8.71）
样本量	1370	1370	589	589
F 值	412.56***	357.33***	19.40***	18.73***
Adj R²	0.7220	0.7318	0.2585	0.2351

注：“***”“**”“*”分别表示在1%、5%和10%水平上显著。

6.2 技术并购的长期资本市场反应

6.2.1 理论分析与研究假设

目前大多数国内外研究并购公告的长期资本市场反应的文献表明，企业进行并购对收购公司的长期资本市场反应会产生显著积极的影响。现有研究并购公告的长期资本市场反应的文献大多采用事件研究法视角下的 BHAR 模型（购买并一直持有至考察期结束的长期超额回报率模型）来测度并购的长期资本市场反应或长期并购绩效，一般选择并购公告日（首次宣告日）的后 1 年、2 年、3 年甚至 5 年的长窗口以检验并购事件对公司长期资本市场的反应或长期并购绩效的影响。

现有研究并购公告的长期资本市场反应的文献主要是从董事联结视角、创新能力视角、社会信任视角、并购交易条件视角及经济不确定性视角等来展开研究的。

从董事联结视角来看，陈仕华等（2013）基于信息不对称理论，研究了并购双方的董事联结关系对长期并购绩效的影响。其采用 BHAR 模型计算了并购后企业持有 24 个月的超常收益率，来衡量收购企业的长期并购绩效。研究发现：当并购双方存在董事联结关系且这种关系是由内部董事形成，目标公司与并购公司不在同一区域时，存在董事联结关系的公司更易成为目标公司。与不存在董事联结关系的并购公司相比，收购方在此并购事件中将获得长期并购绩效，董事联结关系对长期并购绩效存在显著正向影响。

从创新能力的视角来看，张学勇（2017）研究了并购双方的创新能力对收购公司长期并购绩效的影响。其选择了并购公告日后 36 个月的买入并持有超常收益率 BAHR 来衡量长期并购绩效，研究发现：并购创新能力较强的标的公司能够给收购公司带来更高的长期并购绩效，本身具备较强创新能力的收购公司进行并购的长期资本市场反应也较强。

从社会信任的视角来看，王艳和李善民（2017）基于交易成本理论，研究了地区非正式制度社会信任对并购交易主体的长期价值创造能力的影响。其采用 BHAR 模型分别考察了并购后 12 个月、24 个月和 36 个月的长期并购绩效，研究发现：收购公司所在地区社会信任程度越高，收购公司的长期并购绩效越高，且这种促进作用在民营企业和地区法律水平较低的地区更为显著。

从并购交易条件的视角来看，杨超和谢志华（2018）研究了并购中签订业绩承诺协议及其条款设置对收购公司长期并购绩效的影响。其采用了并购后 12 个月的 BHAR1 和并购后 24 个月的 BHAR2 来衡量长期并购绩效，研究发现：与没有签订业绩承诺协议的并购事件相比，签订了业绩承诺协议的并购，收购公司的长期并购绩效显著更好；条款设置越严格，收购公司的长期并购绩效越好。

从经济不确定性宏观角度去研究并购公告的长期资本市场反应，如佟岩等（2021）研究了经济不确定性对企业并购长期绩效的影响。其也是采用 BHAR 模型计算并购首次公告日后 12 个月、24 个月和 36 个月的长期并购绩效，并同时借鉴 Fama-French 的三因素模型重新计算 BHAR，衡量长期并购绩效，做稳健性检验。研究发现：经济不确定性与收购方的长期并购绩效呈显著负向关系，经济不确定性越强，收购方的长期资本市场反应越弱。

国内外还有不少文献研究企业创新（创新能力、创新信息披露、创新投入等）与长期资本市场反应的关系。大多数文献支持企业创新能力的提升、创新信息的披露或是创新投入的增加都能带来积极正向的长期资本市场反应（David Hirshleifer 等，2013；Sharon 等，2016；赵武阳和陈超，2011；韩鹏，2016；程新生等，2020；Cohen，2013；周铭山等，2017；刘柏和王馨竹，2019）。

从企业创新能力与长期资本市场反应的关系角度来看，David Hirshleifer 等（2013）研究发现，企业创新能力强表明在未来长期内都具备较强的竞争力，由于投资者对企业价值的判断需要一定时间的积累，往往存在长期的价格漂移现象，因而，创新能力强的企业往往能给投资者带来更高的长期超额回报率。

从企业创新信息披露与长期资本市场反应的关系角度来看，赵武阳和陈超（2011）研究了研发信息披露与市场认同的关系。研究发现，董事会报告中披露的研发信息最被市场投资者所认同。韩鹏（2016）研究了企业创新行为信息披露的市场反应。研究发现，企业创新行为信息的披露，能够获得资本市场投资者的价值认同。程新生等（2020）研究了企业创新信息披露对企业长期资本市场反应的影响。研究发现，企业披露的创新信息能够被资本市场的投资者解读并提高其对企业价值的认同感，从而给企业带来长期超额收益。具体来看，企业披露的创新优势内容、创新进度情况及伴随的创新风险等信息，都能获得资本市场投资者的价值认同从而带来正向的长期资本市场反应。

从企业创新投入与长期资本市场反应的关系角度来看，Cohen（2013）研究发现，创新投入高的企业能够给投资者带来正面的长期超额回报率，这是投资者对企业创新价值的滞后性认识导致的结果。刘柏和王馨竹（2019）研究了企业研发投资对企业长期超额收益的影响，研究发现，企业的创新投入会带来正向的长期超额收益率。

通过对以上文献的分析，我们得出，企业进行技术并购，是为了获取技术或有价值的技术资源，以此提升收购企业的自主研发能力和创新能力，是提升并保持长期竞争优势的一种战略性的决策行为。而由于技术并购这一积极信号传递的作用，以及企业价值与市场相关性的影响，收购企业在资本市场的长期股价必然呈现出与企业竞争优势上升相同的趋势波动。从长期来看，企业的创新价值会随着时间的推移逐渐释放，价值效应的滞后性也逐渐被市场投资者所接受和认同，使得技术并购的收购企业的股价在未来的资本市场上具有更好的长期市场表现，给收购企业带来长期的资本市场反应和价值效应。因此，本章认为，技术并购不仅是个"好消息"，会给收购公司带来显著的短期资本市场反应；同时，由于技术并购后收购公司创新价值的逐渐释放，还会对其长期资本市场反应产生显著积极的影响。根据上述研究分析，提出以下研究假设：

H1：技术并购会显著带来正面的长期资本市场反应。

根据 6.1 技术并购的短期资本市场反应中对分析师跟踪作用的理论分析，

可以得出，分析师无论是在资本市场还是在实体经济的企业的投融资行为中，都能发挥信息揭示和传递效应的作用。分析师跟踪提升了公司信息的透明度，缓解了企业和利益相关者（资本市场投资者、银行）之间的信息不对称，提高了股票价格的信息增量，降低了股价的同步性，提升了资本市场的定价效率，影响投资者的行为和所跟踪公司的股价，有效地缓解了企业的融资约束，极大地促进了企业的创新活动和创新绩效。

基于以上分析，对于企业的技术并购事件，分析师会对这种创新类公司进行更加持续的关注和跟踪，持续给资本市场投资者传递收购公司技术并购后的创新程度和情况。从长期来看，会增加收购企业股票的信息含量，有利于资本市场投资者持续对企业创新价值的识别和认可，引导投资者对公司资本市场价值进行更合理的预期判断并做出有效决策，从而正面放大了技术并购事件对公司长期股票价格的影响，引发更加积极的长期资本市场反应。根据上述研究分析，提出以下研究假设：

H2：分析师跟踪会显著放大技术并购的长期资本市场反应。

6.2.2 样本选择及数据来源

选择 2009—2017 年间中国全部 A 股中隶属高科技产业的上市公司的并购事件作为研究对象。借鉴国家统计局颁布的《战略性新兴产业分类》（2012）和高技术产业（制造业）分类（2017）及高技术产业（服务业）分类（2018），比照中国证监会 2012 年颁布的《上市公司行业分类指引》的行业划分，具体选择 I、C25、C26、C27、C35、C36、C37、C38、C39、C40、N77、M 共 4个大类、12 个小类作为全部样本，样本剔除了 ST 公司和其他数据缺失的公司，最终获取当期并购总样本观测值 1370 个，其中，技术并购样本观测值 589 个。

并购样本数据来自 CSMAR "中国上市公司并购重组研究数据库"。技术并购数据主要根据 CSMAR 数据库的交易概述描述并结合公司并购公告、收购公司年报及上海证券交易所和深圳证券交易所官网手工收集的数据综合判断得出；技术并购公司窗口期日股票回报率和日平均市场收益率来自 WIND 数据库，技术并购公司其他财务数据和分析师跟踪数据均来自 CSMAR 数据库。

6.2.3 模型设置及变量定义

为了检验研究假设，借鉴张学勇（2017）、杨超和谢志华（2018）、佟岩等（2021）的方法，采用事件研究法构建长窗口市场反应模型（6-3），以检验技术并购产生的长期资本市场反应，基本模型如下：

$$BHAR = \alpha_0 + \alpha_1 TMA + \alpha_2 Analyst + \alpha_3 Aanlyst \times$$
$$TMA + \alpha_4 Size + \alpha_5 LEV + \alpha_6 State + \alpha_7 Top1 + \qquad (6\text{-}3)$$
$$\alpha_8 Toptenshare + \alpha_9 ROA + \alpha_{10} Intasset + \alpha_{11} GP + \sum Year + \varepsilon_{it}$$

$$BHAR_{i,\,T} = \prod_0^T (1 + R_{i,\,t}) - \prod_0^T (1 + R_{mi,\,t}) \qquad (6\text{-}4)$$

其中，$BHAR$ 为被解释变量，是基于上述计算公式（6-4）得出的投资者购买和持有的长期超额回报率。本部分将计算并购后1年的 $BHAR1$ 和并购后2年的 $BHAR2$ 来反映技术并购后长期资本市场反应及其趋势，$R_{i,\,t}$ 代表 t 月时公司股票回报率；$R_{mi,\,t}$ 代表 t 月时平均市场股票回报率。

TMA 为解释变量，是技术并购哑变量。若发生技术并购，则 $TMA=1$，否则为 0。根据研究假设，预期模型中 TMA 的系数 α_1 显著为正，交互项系数 α_3 显著为正。在进一步检验中，将区分技术并购类型分别检验不同类型技术并购（TMA_{type} 和 TMA_{area}）对资本市场的长期反应差异。具体变量定义详见表6-5所列。

表6-5 变量定义一览表

变量类别	变量名	变量定义
被解释变量	$BHAR1$	投资者购买和持有公司股票并购后1年的长期超额回报率
	$BHAR2$	投资者购买和持有公司股票并购后2年的长期超额回报率
解释变量	TMA	是否进行技术并购，发生技术并购，则 $TMA=1$，否则为 0
	TMA_{type}	将技术并购区分为技术进入型和技术巩固型，如果技术并购是技术进入型，则 $TMA_{type}=1$，否则为 0
	TMA_{area}	将技术并购区分为国内技术并购和跨境技术并购，如果技术并购是国内技术并购，则 $TMA_{area}=1$，否则为 0
调节变量	$Anaylst$	分析师跟踪，用分析师跟踪数量的自然对数表示

变量类别	变量名	变量定义
控制变量	*Size*	公司规模，用总资产的自然对数表示
	Lev	杠杆水平，用总负债的自然对数表示
	State	依据产权性质，若为国有企业，取 1，其他取 0
	*Top*1	当期期末公司第一大股东持股比例
	Toptenshare	当期期末公司前十大股东持股比例
	ROA	当期净利润 / 期末总资产
	Intassets	无形资产规模，用无形资产的自然对数表示
	GP	公司成长潜力水平，用账面价值 / 市场价值来衡量

6.2.4　描述性统计

表 6-6 报告了主要变量的描述性统计结果。从表 6-6 可见，*BHAR*1 的最小值是 -0.8384，最大值是 4.7419，均值是 0.1201；*BHAR*2 的最小值是 -0.8784，最大值是 5.5661，均值是 0.1385。这说明样本公司技术并购带来的长期资本市场反应存在较大差异，但技术并购后 1 年的 *BHAR*1 和技术并购后 2 年的 *BHAR*2 均值均为正，说明平均来看，技术并购给收购公司带来了正面的长期资本市场反应，且 *BHAR*2 均值比 *BHAR*1 均值要高。这表明随着时间的推移技术并购的市场价值效应还在逐渐释放，技术并购的长期资本市场反应呈正面上升趋势。可见，总体来看，技术并购给资本市场潜在投资者带来了正向的长期超额回报。*TMA* 的均值为 0.4364，说明技术并购样本占全部并购样本的比例只有 4 成左右。从 TMA_{type} 和 TMA_{area} 的均值来看，技术并购多为技术巩固型的国内技术并购。

表 6-6　主要变量的描述性统计

变量	均值	标准差	最小值	中位数	最大值
*BHAR*1	0.1201	0.5829	-0.8384	0.0367	4.7419
*BHAR*2	0.1385	0.5859	-0.8784	0.0454	5.5661

变量	均值	标准差	最小值	中位数	最大值
TMA	0.4364	0.4963	0	0	1
TMA_{type}	0.0892	0.2853	0	0	1
TMA_{area}	0.9426	0.2326	0	1	1
$Analyst$	2.0434	1.0145	0.0000	2.1972	4.0253
$Size$	21.9504	1.2590	19.5500	21.7530	26.4920
Lev	20.8240	1.6674	16.8100	20.8190	25.9700
$State$	0.2928	0.4552	0	0	1
$Top1$	34.2808	14.7194	7.3400	31.8550	87.4600
$Toptenshare$	59.1797	13.9016	19.9200	60.6750	97.1200
ROA	0.1092	0.1282	−1.6111	0.1000	0.9516
$Intasset$	18.5645	1.7243	9.6843	18.6030	23.7677
GP	0.6453	0.6344	0.0300	0.4573	6.7177

6.2.5　实证回归结果及异质性检验分析

技术并购带来的长期资本市场反应的回归结果见表 6-7 所列。表 6-7 第一列和第二列多元回归反映的是技术并购后 1 年的长期资本市场反应 $BHAR1$ 的情况,第三列和第四列多元回归反映的是技术并购后 2 年的长期资本市场反应 $BHAR2$ 的情况。第一列和第三列多元回归结果显示,TMA 对 $BHAR1$ 和 $BHAR2$ 回归系数都在 1% 的水平上显著。实证结果表明,技术并购显著带来了正面的长期资本市场反应,即投资者持有技术并购收购公司的股票 1 年以上和

2 年以上均可获得正向的长期超额回报率。这支持了本章的研究假设 H1。第二列和第四列的 *TMA* 回归系数和交互项的回归系数分别在 5% 和 1% 的水平上显著。实证结果表明，分析师跟踪会显著加大技术并购的长期资本市场反应。这支持了本章的研究假设 H2。

接着，本章进一步检验了不同类型技术并购（TMA_{type} 和 TMA_{area}）对技术并购长期资本市场反应的差异。将技术并购分为两个维度：按并购技术类型分为技术巩固型和技术进入型，按并购地区分为国内技术并购和境外技术并购。具体回归结果见表 6-8 四个回归列。第一列和第二列回归检验了 TMA_{type}（技术巩固型和技术进入型并购）对技术并购后 1 年和 2 年的长期资本市场的反应，第三列和第四列回归检验了 TMA_{area}（国内技术并购和境外技术并购）对技术并购后 1 年和 2 年的长期资本市场的反应。第一列和第二列的回归结果显示，技术并购类型 TMA_{type} 的差异对长期资本市场反应存在显著影响。从技术并购对 *BHAR*1 和 *BHAR*2 的回归系数来看，在 10% 的水平上显著通过差异检验；从分析师跟踪的交互项系数来看，在 5% 的水平上显著通过差异检验。这说明资本市场的长期投资者能够区分和识别巩固型技术并购和进入型技术并购对企业未来收益和潜在风险的差异，尤其是分析师跟踪会显著放大投资者对不同类型技术并购的长期市场反应。从检验结果来看，分析师跟踪使投资者更倾向于认为巩固型技术并购相对进入型技术并购收益更稳定，未来潜在风险更小。因此，巩固型技术并购的长期资本市场反应更加显著。而第三列和第四列的回归结果显示，技术并购地区类型 TMA_{area} 的差异对长期资本市场反应不存在显著影响。技术并购对 *BHAR*1 和 *BHAR*2 的回归系数和分析师跟踪的交互项系数，均未通过显著性差异检验。这说明即使存在分析师跟踪，资本市场的长期投资者也无法显著区分和识别国内技术并购和境外技术并购对收购公司未来收益和潜在风险的差异，可能由于地区差异等多方面因素的影响，如不同国家宏观经济政治环境等因素的影响，使得投资者难以识别国内和境外技术并购对长期资本市场反应的差异。因此，在长期资本市场反应 *BHAR*1 和 *BHAR*2 中，并不能显著区分两者的差异。

表 6-7　技术并购的长期资本市场反应回归结果 *BHAR*

变量	*BHAR*1	*BHAR*2	*BHAR*1	*BHAR*2
TMA	0.0954*** （3.57）	0.1923** （2.26）	0.0767*** （2.65）	0.1898** （2.24）

变量	BHAR1	BHAR2	BHAR1	BHAR2
Analyst		0.0528** （2.13）		0.0518** （2.10）
TMA × Analyst		0.1287*** （3.49）		0.1270*** （3.45）
Size	0.0486*** （3.45）	0.0461*** （4.21）	0.0425** （2.54）	0.0708*** （3.60）
Lev	−0.0167*** （−4.48）	−0.0078*** （−3.99）	−0.0096*** （−2.67）	−0.0232*** （−4.25）
State	−0.0748** （−2.06）	−0.1179** （−2.25）	−0.0809** （−2.29）	−0.1173** （−2.25）
Top1	0.0066*** （5.10）	0.0050*** （2.65）	0.0047** （2.56）	0.0050*** （2.68）
Toptenshare	0.0008 （0.59）	0.0030 （1.52）	0.0027 （1.40）	0.0030 （1.51）
ROA	0.4403*** （2.65）	0.2959* （1.66）	0.4386** （2.50）	0.2957* （1.65）
Intasset	0.0705*** （3.17）	0.0730*** （3.24）	0.0711*** （3.20）	0.0735*** （3.27）
GP	−0.3442*** （−8.51）	−0.3492*** （−8.11）	−0.3423*** （−8.48）	−0.3473*** （−8.9）
常数项	0.8228* （1.82）	0.6698 （1.35）	0.8238* （1.83）	0.6712 （1.36）
样本量	1370	1370	1370	1370
F 值	18.07***	15.69	18.09***	15.68***
Adj R^2	0.1087	0.1129	0.1057	0.1088

注：" *** " " ** " " * " 别表示在 1%、5% 和 10% 水平上显著。

表 6-8　不同类型技术并购的长期资本市场反应回归结果 $BHAR$

变量	$BHAR1$	$BHAR2$	$BHAR1$	$BHAR2$
TMA_{type}	−0.4279* (−1.77)	−0.4313* (−1.80)		
$TMAarea$			0.0795 (1.04)	0.0483 (0.58)
$Analyst$	0.0655* (1.76)	0.0653* (1.75)	0.0973 (0.9)	0.0950 (0.88)
$TMAtype \times Analyst$	−0.2489** (−2.30)	−0.2496** (−2.32)		
$TMAarea \times Analyst$			0.1298 (1.19)	0.1245 (1.14)
$Size$	0.0343** (1.99)	0.0633*** (4.81)	0.0438*** (2.75)	0.0802*** (6.18)
Lev	−0.0062 (−1.25)	−0.0096 (−1.07)	−0.0047 (−0.99)	−0.0082 (−1.56)
$State$	−0.1327*** (−2.76)	−0.0554* (−1.79)	−0.0773* (−1.75)	−0.0593 (−1.23)
$Top1$	0.0066*** (5.08)	0.0057*** (3.14)	0.0080*** (4.97)	0.0050*** (2.83)
$Toptenshare$	−0.0008 (−1.21)	−0.0029 (−1.40)	0.0021 (1.19)	0.0038* (1.91)
ROA	0.4200* (1.84)	0.4175* (1.83)	0.2996 (1.22)	0.2974 (1.21)
$Intasset$	0.0548 (1.43)	0.0553 (1.44)	0.0637* (1.70)	0.0605 (1.63)
GP	−0.3360*** (−5.56)	−0.3338*** (−5.54)	−0.3348*** (−5.73)	−0.3361*** (−5.77)
常数项	0.7181 (1.20)	0.7078 (1.18)	0.0497 (0.06)	0.0689 (0.1)
样本量	589	589	589	589

158

变量	BHAR1	BHAR2	BHAR1	BHAR2
F 值	8.62 ***	7.10 ***	6.21 ***	6.61 ***
Adj R²	0.1156	0.1060	0.0942	0.0921

注："***""**""*"分别表示在 1%、5% 和 10% 水平上显著。

6.2.6 稳健性检验

为了增强研究结论的稳健性，借鉴 Drake 等（2015）的方法，构建未来盈余反应系数（FERC）模型（6-5），对长窗口下技术并购的长期资本市场反应及技术并购后的盈余价值相关性进行稳健性检验。基本模型如下：

$$
\begin{aligned}
BHAR_{i,t+1} = {} & \alpha_0 + \alpha_1 TMA_{i,t} + \alpha_2 ROA_{i,t-1} + \alpha_3 ROA_{i,t} + \alpha_4 ROA_{i,t+1} + \\
& \alpha_5 TMA \times ROA_{i,t} + \alpha_6\ TMA \times ROAR_{i,t+1} + \alpha_7\ Size + \\
& \alpha_8 Lev + \alpha_9\ State + \alpha_{10}\ Top1 + \alpha_{11}\ Toptenshare + \\
& \alpha_{12}\ Intasset + \alpha_{13} GP + \sum year + \sum ind + \varepsilon_{it} n
\end{aligned}
\qquad (6-5)
$$

式中，$BHAR_{i,t+1}$ 为公司发生技术并购后 1 年持有的长期超额回报率；$ROA_{i,t-1}$ 代表并购前 1 年的资产净利率；$ROA_{i,t}$ 代表并购当年的资产净利率；$ROA_{i,t+1}$ 代表并购后 1 年的资产净利率。若 $TMA_{i,t}$ 的系数显著为正，则说明技术并购能够带来正向的长期资本市场反应；若 $TMA \times ROA_{i,t+1}$ 的系数显著为正，则说明技术并购后的盈余价值相关性得到显著增强。

技术并购长期资本市场反应的稳健回归结果详见表 6-9 所列。第一列检验了 TMA 对技术并购后 1 年的长期资本市场反应，由回归结果可知，技术并购 TMA 的系数仍然在 1% 的水平上显著。从 $TMA \times ROA_{t+1}$ 的系数来看，其显著为正，这说明技术并购后的盈余价值相关性得到了显著增强，从而也说明技术并购显著正面影响长期资本市场反应。这一研究结论揭示了技术并购的长期资本市场反应的传导机制，技术并购之所以能够产生积极的长期资本市场反应，是因为技术并购显著增强了盈余价值的相关性，使收购公司技术并购后不断增强的盈余持续性的信息能够完全反映到资本市场的股票价格中，从而表现为技术并购的正面长期资本市场反应。第二列和第三列分别检验了技术并购类型和技术并购地区对长期资本市场反应的影响。由回归结果可知，技术并购类型 TMA_{type} 的差异对长期资本市场反应存在显著影响，TMA_{type} 系数在 1% 的水平上显著，表明巩固型并购比技术进入型并购更易于得到长期资本投资者的价值认可；而技术并购地区 TMA_{area} 的差异对长期资本市场反应不存在显著影响，从 TMA_{area} 回归系数来看，未通过显著性差异检验。从 $TMA_{type} \times ROA_{t+1}$ 的系数来看，显著为正，而 $TMA_{area} \times ROA_{t+1}$ 的系数却不显著，这说明技术并购后的盈余价值相关性的增强，主要是由巩固型技术并购带来的积极影响。综上，稳健性回归结果与前文结论保持一致，说明研究结论具有稳健性。

表 6-9　技术并购的长期资本市场反应的稳健回归结果 $BHAR$

变量	$BHAR_{t+1}$	$BHAR_{t+1}$	$BHAR_{t+1}$
TMA	1.2057*** （3.15）		
TMAtype		−0.2740*** （−2.65）	
TMAarea			0.0300 （0.32）
ROA_{t-1}	0.5662 （1.12）	0.6759* （1.87）	0.6482 （1.27）
ROA_t	0.8316 （1.25）	1.1066 （1.44）	1.1149 （0.49）
ROA_{t+1}	2.1975*** （4.24）	1.1349*** （2.63）	1.4608 （0.81）
$TMA \times ROA_t$	1.5448** （2.03）	0.9867** （2.49）	1.6113 （0.72）
$TMA \times ROA_{t+1}$	2.0650*** （3.91）	6.6906*** （2.88）	1.3176 （0.73）
$Size$	0.0391** （2.50）	0.0057 （0.31）	−0.0127 （−0.73）
Lev	−0.0141*** （−3.6）	−0.0051 （−1.04）	−0.0034 （−0.73）

续　表

变量	$BHAR_{t+1}$	$BHAR_{t+1}$	$BHAR_{t+1}$
State	−0.1399*** （−3.36）	−0.1814*** （−3.40）	−0.1293*** （−2.64）
Top1	0.0051*** （3.56）	0.0069*** （3.90）	0.0061*** （3.59）
Toptenshare	0.0023 （1.54）	−0.0007 （−0.38）	0.0011 （0.58）
Intasset	0.0717*** （2.81）	0.0665*** （2.61）	0.0705*** （2.74）
GP	−0.2061*** （−5.66）	−0.1215*** （−2.68）	−0.1298*** （−2.86）
常数项	1.0519*** （3.33）	0.8665** （2.01）	0.8796** （2.00）
样本量	1248	546	546
F 值	11.51***	5.34***	4.89***
Adj R^2	0.1038	0.1082	0.1006

注：　"***" "**" "*" 分别表示在 1%、5% 和 10% 水平上显著。

6.3　小结

本章主要对技术并购带来的长短期资本市场反应进行了拓展研究。在本章中，进一步拓展研究技术并购所带来的长短期资本市场反应，并检验分析师跟踪对技术并购长短期资本市场反应的调节作用。采用事件研究法的短窗口 CAR 模型和长窗口 BHAR 模型来考察技术并购所产生的短期和长期资本市场反应，并进一步扩展检验不同类型技术并购所产生的短期和长期资本市场反应的差异。在稳健性检验中，对于短期资本市场反应，更换事件窗口期来检验技术并购的短期资本市场反应；对于长期资本市场反应，构建未来盈余反应系数（FERC）模型来检验技术并购的长期资本市场反应，并验证技术并购对盈余价值相关性的影响。研究发现：第一，技术并购显著带来了正面的长短期资本市场反应；第二，分析师跟踪对技术并购的长短期资本市场反应产生了显著的调节作用；第三，技术进入型和技术巩固型并购类型的差异对技术并购的长短期资本市场反应存在显著影响，技术巩固型并购更能得到长期资本市场者的青睐和价值认可，而国内技术并购和跨境技术并购的地区差异对技术并购的长短期市场反应均不存在显著影响；第四，技术并购后，当期盈余和下一期盈余与并购后1年持有超额回报率BHAR显著正相关，这表明技术并购显著提升了企业盈余价值的相关性。

第7章 研究结论与对策建议

本章在前面几章研究分析的基础上，得出了本书的主要研究结论，并根据研究结论，针对高科技产业上市公司、资本市场投资者及政府相关部门的政策制定者三个不同层面提出一些有价值的研究建议与对策，以供相关人员参考与借鉴。

7.1 研究结论

在国家实施创新战略和构建新发展格局的大背景下，促进产业技术创新，尤其是以战略性新兴产业为主的高科技产业的技术创新是实现国家创新驱动发展战略的核心要素，是实现国家高质量发展目标的重要途径。技术创新是企业可持续发展的源动力，企业拥有的技术与知识资产成为其参与国内外竞争最为关键的资源之一。根据竞争优势理论和技术创新理论，国家或企业通过技术创新能够提升其独特持续的竞争优势，从而推动国家经济和企业价值的持续增长。因而，技术创新往往被摆在企业，尤其是高科技企业的首要位置。但由于企业自身的创新与研发活动不能快速且完全满足企业的发展需求，因此，技术并购作为一种重要的外部技术创新方式，在近几年的并购实践中发展相当迅猛，技术并购主要集中在高科技产业和战略性新兴产业中。

企业进行技术并购，不仅是为了获取外部技术资源，更重要的是为了提升自身的研发水平和持续的创新能力，从而使企业具有持续的核心竞争力，提升企业的内在价值，实现资本市场财富的增长。但现有文献仅仅关注技术并购对创新绩效的影响，鲜有文献研究技术并购对盈余持续性的影响，尤其是针对技术创新在技术并购与盈余持续性关系中所发挥中介效应的研究相对欠缺。忽略了技术创新可能发挥技术并购对盈余持续性影响机制的中介效应，以及将技术并购的创新绩效进一步转化为企业持续的内在盈利能力，从而表现为收购公司技术并购后具有更强的盈余持续性特征；同时，通过信号传递、有效市场和盈余价值相关性的作用，技术并购的收购公司能够获取资本市场的长短期财富效应。

综上，基于技术创新和技术并购的重要现实与实践背景、技术并购对企业内在价值和资本市场价值的重要影响，以及我国学者对技术并购与盈余持续性关系的理论研究相对薄弱的现状，本书以技术并购为主要研究对象，系统构建了"技术并购—创新效应（技术创新绩效）—盈余持续性—资本市场反应"这一技术并购的理论逻辑传导机制框架，力求深入、系统地研究以下问题。①技术并购的创新效应如何？技术并购能否给高科技企业带来实质性的创新效应，即收购公司能否通过技术并购真正提升企业自身的技术创新能力。②技术并购如何影响收购公司的盈余持续性？技术并购能否通过技术创新发挥中介效应对盈余持续性产生影响。③技术并购的长短期资本市场反应如何？技术并购能否通过提升盈余价值相关性，从而给收购公司带来资本市场的长短期财富效应？

（1）研究发现了技术并购能够显著带来考虑滞后期的两维度技术创新效应，以及收购公司成长潜力水平的正向调节作用，还发现了不同类型技术并购创新效应的显著差异，以及不同情景下技术并购创新效应的差异。

在第4章中，研究了技术并购的创新效应，实证检验技术并购是否会给收购公司带来技术创新效应（创新产出效应和创新促进效应），以及收购公司成长潜力水平是否会对技术并购的创新效应产生调节作用，进一步从两维度区分不同类型技术并购以检验其技术创新效应的差异。在稳健性检验中，采取两种稳健检验手段。一是替换技术创新效应的代理变量。采用"创新效率 IE"指标作为技术创新效应的另一替代变量做稳健性检验。二是分别采用 PSM 模型和Heckman 二阶段模型进行内生性检验，避免由于样本选择偏差带来的内生性问题，以验证 OLS 回归结论的稳健性。同时，进一步根据产权性质、是否实施高管激励、股权集中度高低和创新知识基础情况进行样本分组的拓展性检验。研究发现：第一，技术并购能够显著带来技术创新产出效应和技术创新促进效应；第二，收购公司成长潜力水平越高，技术并购带来的技术创新效应越明显；第三，相对技术进入型并购，技术巩固型并购更能给收购公司带来显著的技术创新效应，而国内技术并购与跨境技术并购所带来的技术创新效应并不存在显著差异；第四，无论是国有企业还是非国有企业，实施高管激励计划的企业还是未实施高管激励计划的企业，高股权集中度的企业还是低股权集中度的企业，高创新知识基础的企业还是低创新知识基础的企业，在企业技术创新产出效应方面都不存在显著差异，只在并购后 1 年的技术创新促进效应上存在显著差异。相比国有企业，非国有企业进行技术并购能显著带来并购后 1 年的技术创新促进效应；相比未实施高管激励计划的企业，实施高管激励计划的企业进行技术并购能显著带来并购后 1 年的技术创新促进效应；相比低股权集中度的企业，高股权集中度的企业进行技术并购能显著带来并购后1年的技术创新促进效应；相比低创新知识基础的企业，高创新知识基础的企业进行技术并购能显著带来并购后一年的技术创新促进效应。

（2）研究发现了技术并购能够通过技术创新发挥中介效应对盈余持续性产生显著正面影响且中介效应受到收购公司成长潜力的正向调节，还发现了不同维度技术创新效应的中介传导路径的差异，以及不同公司治理层面技术创新效应影响盈余持续性的中介传导路径的差异。

在第5章中，基于技术创新的中介效应视角，研究了技术并购对盈余持续性的影响。实证检验技术并购对收购公司盈余持续性的影响，并检验前者对后者的影响是不是通过技术创新绩效发挥中介效应的，且其中介效应是否受到收购公司成长潜力的调节影响。在稳健性检验中，采取两种稳健检验手段。一是替换代理变量。创新性地采用"盈余增长持续性"指标作为盈余持续性的另一替代变量做稳健性检验。同时，为了检验技术创新绩效的中介机制的稳健性，采用"技术创新产出增量绩效IOPG和技术创新促进增量绩效IPPG"指标作为两维技术创新绩效的替代变量做稳健性检验。二是分别采用PSM模型和Heckman二阶段模型进行内生性检验，以验证中介效应模型回归结论的稳健性。同时，进一步根据产权性质、是否实行高管激励和股权集中度高低进行样本分组的拓展性检验。研究发现如下特征。第一，技术并购能够显著提升收购公司的盈余持续性。第二，技术并购显著提升了两维度的技术创新绩效，且通过两维度的技术创新绩效的中介传导作用，进而提升收购公司的盈余持续性。第三，技术创新绩效的中介效应还受到收购公司的成长潜力的调节，收购公司的成长潜力越大，技术创新绩效与盈余持续性的关系也越强。第四，对于国有企业和非国有企业，两者在技术并购、技术创新绩效与盈余持续性三者关系中的中介传导机制存在显著差异。非国有企业能够发挥技术创新绩效的中介传导作用，从而影响企业的盈余持续性，技术创新绩效发挥技术并购影响盈余持续性的调节中介效应在非国有企业显著成立；但在国有企业中，技术创新绩效的中介效应不显著，技术并购未能显著影响企业的盈余持续性。第五，对于实施高管激励计划的企业和未实施高管激励计划的企业，两组在技术并购、技术创新绩效与盈余持续性三者关系中的中介传导机制也存在显著差异。实施高管激励的企业能够发挥技术创新绩效的中介传导作用，从而去影响企业的盈余持续性，技术创新绩效发挥技术并购影响盈余持续性的调节中介效应在实施高管激励的企业中显著成立，而在未实施高管激励计划的企业中并不成立。第六，对于高股权集中度企业和低股权集中度企业，技术创新绩效在技术并购与盈余持续性两者关系中的中介传导路径存在显著差异。技术创新绩效发挥技术并购影响盈余持续性的中介效应均存在，但两组的具体传导路径存在差异。高股权集中度组是通过技术创新促进绩效的中介效应去提升收购公司的盈余持续性，而低股权集中度组是通过技术创新产出绩效的中介效应去提升收购公司的盈余持续性。

（3）研究发现了技术并购会显著带来正面的长短期资本市场反应，以及分析师跟踪的显著放大调节作用，还发现了不同类型技术并购的长短期资本市场反应的显著差异，以及技术并购对盈余价值相关性的正向影响。

在第 6 章中，进一步拓展研究技术并购所带来的长短期资本市场反应，并检验分析师跟踪对技术并购长短期资本市场反应的调节作用，采用事件研究法的短窗口 CAR 模型和长窗口 BHAR 模型来考察技术并购所产生的长短期资本市场反应，并进一步扩展检验不同类型技术并购所产生的长短期资本市场反应的差异。在稳健性检验中，对于短期资本市场反应，更换事件窗口期来检验技术并购的短期资本市场反应；对于长期资本市场反应，构建未来盈余反应系数（FERC）模型来检验技术并购的长期资本市场反应，并验证技术并购对盈余价值相关性的影响。研究发现：第一，技术并购显著带来了正面的长短期资本市场反应；第二，分析师跟踪对技术并购的长短期资本市场反应产生了显著的调节作用；第三，技术进入型并购和技术巩固型并购类型的差异对技术并购的长短期资本市场反应存在显著影响，技术巩固型并购更能得到长期资本市场者的青睐和认可，而国内技术并购和跨境技术并购的区域差异对技术并购的长短期市场反应均不存在显著影响；第四，技术并购后，当期盈余和下一期盈余与并购后 1 年持有的超额回报率 BHAR 显著正相关，表明技术并购显著提升了企业盈余价值的相关性。

本书系统地分析和构建了"技术并购—创新效应（技术创新绩效）—盈余持续性—资本市场反应"的技术并购理论逻辑传导机制框架。基于技术创新的中介视角，研究技术并购对盈余持续性的影响机理，为现有技术并购与盈余持续性方面的理论研究提供了新的经验证据，是现有相关理论成果的有益补充；在研究技术并购的长期资本市场反应过程中，验证了技术并购对盈余价值相关性的影响，揭示了技术并购的长期资本市场反应的传导机制，延伸和拓展了并购公告资本市场反应的理论研究。通过本书的研究，明确了技术并购的目的是通过获取技术资源以不断提升企业自身创新能力，从而提升企业内在价值和其资本市场价值。这为上市公司是否进行技术并购、如何选择技术并购类型，以及技术并购后如何快速提升自身创新能力以实现企业价值增长等一系列技术并购决策提供了理论指导，有助于提高上市公司并购管理决策的有效性；有助于投资者全面了解技术并购与企业创新及以技术并购与企业价值、资本市场价值的关系，为其进行正确投资决策提供有价值的参考建议；为政府相关部门政策制定者出台相应的创新激励、税收优惠等产业政策提供指导，引导战略新兴产业、高新技术产业通过技术并购实现技术快速转型升级，不断提升自主创新能力，真正实现以创新驱动的内涵式增长模式，保持产业健康、持续发展。

7.2 对策建议

基于以上研究结论，本书从高科技企业、资本市场投资者及政府相关部门的政策制定者三个角度提出以下具体的研究建议。

第一，对于高科技企业来说，应充分依靠技术创新，借助技术并购这种重要的外部技术创新方式，保持企业可持续发展的竞争优势，从而推动企业盈余的持续性稳定增长，实现企业价值和市场财富的持续稳定增长。

首先，需要综合权衡采用自主技术创新还是外部技术创新方式。对于一些内部研发周期长的项目，可以选择技术并购的外部技术创新方式来提升其技术创新能力。这样不仅能够让收购公司快速获取新技术、新产品等创新资源，还能促进收购公司自身持续创新能力的提升。因此，高科技上市公司应该审时度势，抓住一切可以提升创新能力的机会，对于公司产品研发项目，综合权衡内部自主技术创新和外部技术创新方式，适时做出技术并购决策，不断提升自身创新水平和核心竞争力，保持竞争优势，从而促进企业盈余持续性的稳定增长，实现企业价值和财富的持续稳定增长。

其次，高成长潜力的收购公司可以优先选择技术并购的外部技术创新方式。高成长潜力的收购公司通常自身已经具备一定的创新能力和技术与知识储备基础，凭借较强的技术吸收能力和较高的创新效率，使得其对外部获取的新技术能够进行快速的学习、消化吸收和内在转化，不断进行技术攻关，加速推进技术创新的步伐，不断提升收购公司自身研发能力和自主创新能力，实现自身研发和创新能力的螺旋式上升，实现公司的稳定快速成长和发展，推动收购公司未来盈余持续性和企业财富的稳定增长，推动企业不断做大做强。

再次，国有高科技企业在注重技术创新的同时，还应重视管理创新和制度创新。本书研究发现，在国有高科技企业中，技术创新效应并未显著发挥技术并购影响盈余持续性的中介传导效应，国有企业的技术并购带来了显著正向的技术创新产出效应，但并未显著带来并购后 1 年的技术创新促进效应。这充分说明，国有企业需要加大对技术与知识的学习和消化吸收，将外部技术资源有效地内化为自主创新能力，同时要在如何将技术创新效应转化成能够真正促使国有企业做大做强的基础——稳定持续的盈利能力上下足功夫。国有企业可以通过对高管和技术骨干进行股权激励、引入战略投资者、进行内部控制等各种公司治理的制度创新和管理方法手段的创新，减少管理层的代理成本和利己动机，真正激发高管和企业技术骨干的内在潜力和创造力，开拓思维，充分激发国有企业的活力，真正提升企业的创新知识吸收能力，有效地将外部技术资源吸收内化成自主创新能力，进一步把技术创新效应与企业内在盈余持续性之间的链条打通，使技术创新效应快速有效地转化为企业内在的持续盈利能力，实现企业盈余持续性的稳定增长，使国有企业朝着做大做强的目标前进。

最后，对于技术收购方而言，技术巩固型并购优于技术进入型并购。相对技术进入型并购，技术巩固型并购由于其与目标公司的技术战略匹配，技术差距相差不大，技术关联度较高，因此，收购目标公司后的技术创新风险较低，见效较快，能够更好地实现收购公司与目标公司的技术协同，因而技术巩固型并购能够给收购公司带来显著的技术创新效应和积极的资本市场反应。对于高科技企业来说，在进行技术并购之前，应慎重选择技术并购目标，这是决定技术并购能否带来显著技术创新效应、能否进一步提升企业盈余持续性和获取资本市场财富效应的关键。收购公司应尽量选择与自身处于同一行业或上下游关系紧密的企业作为技术并购的对象，再认真调研各个拟并购对象，分析判断其与自身公司的技术战略是否匹配，技术关联度高低，是否能够对自身现有技术进行有效补充和巩固，以便更好地实现技术协同，从而给公司带来正面持续的技术创新效应、盈余持续性和资本市场的财富效应。

第二，对于资本市场投资者来说，要正确理性地对待不同类型的技术并购所带来的创新效应及其转化能力，理性研判企业的未来发展前景及其盈余持续性的变化，实现自身投资回报的同时，也提升了资本市场定价信息的有效性与合理性，促进了我国资本市场的健康有效发展。

本书对高科技企业技术并购的创新效应，技术并购后对收购公司盈余持续性的影响，以及技术并购的长短期资本市场反应进行了全面深入的大样本实证研究，与此同时，还细化研究了类型不同的技术并购所产生的系列经济后果。通过本书，资本市场的潜在投资者能够全面了解技术并购、技术创新与盈余持续性的关系，为其做出正确的投资决策提供有价值的理论指导和参考建议。本书的研究有助于投资者明确企业技术并购后其创新能力的持续性和转化能力，理性分析不同类型技术并购的差异对企业创新效应与企业内在价值（盈余持续性）的影响，正确研判收购公司财务业绩的预期变化及企业的未来发展前景，从而获取有价值的投资信息，实现自身投资回报。与此同时，通过资本市场潜在投资者的理性价值投资，也可以提升资本市场定价信息的有效性与合理性，培育良好的资本市场价值投资环境，更好地促进我国资本市场的健康有效发展。

第三，对于政府相关部门的政策制定者来说，应充分认识到高科技公司进行技术创新对于国家实现创新驱动战略和高质量发展的重要性，制定相应的高科技产业的税收优惠政策、创新人才引进政策和积极的财政与产业政策，引导高科技产业通过技术并购快速完成技术转型升级，不断提升自主创新能力，真正实现以创新驱动的内涵型增长模式，保持产业健康、持续发展。

通过本书的研究，政府相关部门政策制定者可以制定一系列提升区域创新能力水平的税收优惠政策，创新人才引进政策和积极的财政、产业激励政策。通过这一系列的政策，不断改善地区创新环境，培育区域创新文化与氛围，为企业搭建良好的创新合作平台，积极促进企业和研究型高校与机构的创新合作，促进企业与企业之间建立创新战略联盟等，积极推进区域创新协同生态网络的形成，努力提升区域创新水平。同时，引导企业加大研发投入，不断培育和引进创新人才，激励企业员工努力学习新技术和新知识，推动企业尤其是高科技产业加快建立学习型组织和培育企业创新文化氛围，努力提升员工个人和企业知识吸收能力，不断积累和扩充原有技术知识基础，引导战略新兴产业、高新技术产业通过技术引进、技术并购与自主创新相结合的方式促进其技术转型升级，不断提升企业自身研发能力和创新水平，推动企业真正实现以创新驱动的内涵型增长模式，保持产业健康、稳定、持续发展。

参 考 文 献

[1]   AHUJA G, KATILA R. Technological acquisitions and the innovation performance of acquiring firms: a longitudinal study[J]. Strategic Management Journal, 2001, 22(3): 197-220.

[2]   GREGORY WHITTAKER YAN. Corporate Social Performance, Competitive Advantage, Earnings Persistence and Firm Value [J]. Journal of Business Finance&Accounting, 2016, 43(1-2): 3-30.

[3]   BONAIME AA, GULENH, IONM. Does Policy Uncertainty Affect Mergers and Acquisitions？ [J]. Journal of Financial Economics, 2018, 129(3): 531-558.

[4]   ANAGNOSTOPOULOU S C, LEVIS M. R&D and Performance Persistence: Evidence from the United Kingdom [J]. International Journal of Accounting, 2008, 43(3): 293-320.

[5]   ASTHANA SC, Y. ZHANG. Effect of R&D investments on persistence of abnormal earnings[J]. Review of Accounting and Finance, 2006, 5(2): 124-139.

[6]   LIU B, WANGX, SCHOOL B, et al. A research on the influence of r&d investment on excess returns[J]. Science Research Management, 2019, 40(5): 101-109.

[7]   WATTS BR. Some Time Series Properties of Accounting Income[J]. Journal of Finance, 1972, 27(3): 663-3681.

[8]   BALSMELER B, BUCHWALD A, STIEBALE J. Outsider directors on the board and innovative firm performance [J]. Research Policy, 2014, 43(10): 1800-1815.

[9]   BARBER, B. M, LYON J D. Detecting Long-run Abnormal Stock Returns: The Empirical Power and Specification of Test Statistics [J]. Journal of Financial Economics, 1997, 43(3): 341-372.

[10]   BENA J, KAI LI. Corporate Innovations and Mergers and Acquisitions [J]. The Journal of Finance, 2014, 69(5): 1923-1960.

[11]   BENS, DANIEL A, GOODMAN, et al. Does Investment-Related Pressure Lead to

Misreporting？An Analysis of Reporting Following M&A Transactions[J]. Accounting Review, 2012, 87 (3): 839–865.

[12] BERTRAND O, ZUNIGA P. R&D and M&A: Are cross–border M&A different？An investigation on OECD countries[J]. International Journal of Industrial Organization, 2006, 24(2): 401–423.

[13] CAI, Y, Sevilir, M. Board Connections and M&A Transactions[J]. Journal of Financial Economics, 2012, 103(2): 327–349

[14] CASSIMAN B, COLOMBO M G, GARRONE P, et al. The impact of M&A on the R&D process: An empirical analysis of the role of technological–and market–relatedness[J]. Research Policy, 2005, 34(2): 195–220.

[15] CARSTEN H, CHRISTIAN M, JULIA N, et al. How Important are Dividend Signals in Assessing Earnings Persistence？ [J].Contemporary Accounting Research, 2018, 35(4): 2082–2105.

[16] CHAMBERS D J, JENNINGS R, THOMPSON R B. Excess Returns to R&D–Intensive Firms[J]. Review of Accounting Studies, 2002, 7(2): 159–162.

[17] CHAPMAN K. Earnings Notifications, Investor Attention, and the Earnings Announcement Premium[J]. Journal of Accounting and Economics, 2018, 66(1): 222–243.

[18] CHEN, JZ, SHANE P. Changes in Cash: Persistence and Pricing Implications[J].Journal of Accounting Research , 2014, 52(3): 599– 634.

[19] CHEN T, HARFORD J, Lin C. Do analysts matter for governance？ Evidence from natural experiments[J]. Journal of Financial Economics, 2015, 115(2): 383–410.

[20] CHESBROUGH H W. Open Innovation: The New Imperative for Creating and Profiting from Technology [M]. 2003.

[21] HUNG C, JIANG Y, LIU F H, et al. Competition or manipulation？ an empirical evidence of determinants of the earnings persistence of the u.s. banks [J]. Journal of Banking &Finance, 2018, 88 (3): 442–454.

[22] Cohen, D.A., A. Dey, Lys T Z. Real and Accrual– based Earnings Management in the Pre–and Post–SarbanesOxley Periods [J]. The Accounting Review, 2008, 83(3): 757–787.

[23] LEVINTHAL C. Absorptive Capacity: A New Perspective on Learning and Innovation[J]. Administrative Science Quarterly, 1990, 35(1): 128-152.

[24] CHENG C, YANG M. Enhancing performance of cross-border mergers and acquisitions in developed markets: the role of business tie and technological innovation capability[J]. Journal of Business Research, 2017, 81(12): 107-117.

[25] KOSTOPOULOS K, PAPALEXANDRISA, PARACHRONI M, et al. Absorptive capacity, innovation, and financial performance [J]. Journal of Business Research, 2011, 64(12): 1335-1343.

[26] HIRSHLEI FE E D, HSU P H, LI D. Innovative efficiency and stock returns[J]. Journal of Financial Economics, 2013, 107(3): 632-654.

[27] DECHOW PM, RICHARDSON SA, SLOAN RG, The Persistence and Pricing of the Cash Component of Earning[J]. Journal of Accounting Research , 2008, 46(3): 537-566.

[28] Demerjian P R, Lev, B, Lewis M F, et al. Managerial Ability and Earnings Quality[J]. Accounting Review, 2013, 88(2): 463-498.

[29] JONES D A.Voluntary Disclosure in R&D-Intensive Industries[J]. Contemporary Accounting Research, 2007, 24(2): 489-522.

[30] FILIOU D, MASS-NI S. Industry cognitive distance in alliances and firm innovation performance[J]. R&D Management, 2018, 48(4): 422-437.

[31] Desyllas P, Hughes A. Do High Technology Acquirers Become More Innovative ? [J]. Research Policy, 2010, 39(8): 1105-1121.

[32] DICHEV, I.D, GRAHAM J R, HARVEY C R, et al. Earnings quality: Evidence from the field[J]. Journal of Accounting and Economics, 2013, 56(2-3): 1-33.

[33] ALEXAKISD, BARBQ POULOS L G. compatible contracts in merger negotiations: the role of acquirer idiosyncratic stock return volatility[J]. Financial Market, Institutions&Instruments, 2019, 29(1): 3-40.

[34] KONG Dongmin, LIU Shasha, TAN Weiqiang. Analyst Recommendations and Different Invertors's Trading [J]. Management World, 2019, 35(1): 167-178.

[35] LIU Di, WANG Difang, Wu Zuguang. Can Chinese Stock Market Recognize Innovation Quality ? [J]. Science Research Management, 2016, 37(12): 46-54.

[36] CEFIS E, MARSILIO, RIGAMONTI D. In and Out of Balance: Industry Relatedness, Learning Capabilities and Post-Acquisition Innovative Performance[J].Journal of

Management Studies, 2020, 57(2): 210–245.

[37] ENTEZARKHEIR M, MOSHIRI S. Mergers and innovation: evidence from a panel of U. S. Firms [J]. Economics of Innovation & New Techonlogy, 2016, 27(1–2): 132–153.

[38] FABRIZIO k R. Absorptive capacity and the search for innovation[J]. Research Policy, 2009, 38 (2): 255–267.

[39] FALEYE O, KOVACS T, VENKATESWARAN A. Do Better–Connected CEOs Innovate More? [J]. Social Science Electronic Publishing, 2014, 49(5–6): 1201–1225.

[40] FAMA E. Market Efficiency, Long–Term Returns, and Behavioral Finance [J]. Journal of Financial Eeconomics, 1998, 49(3): 283–306.

[41] FRANKEL R, LITOVL. Earnings Persistence[J]. Journal of Accounting and Economics, 2009, 47 (1–2): 182–190.

[42] Freeman R N, Ohlson J A , Penman S H. Book Rate of return and Prediction of Earnings Changes: An Empirical Investigation[J]. Journal of Accounting Research, 1982, 20(2): 639–653.

[43] GRANDSTRAND O, SJOLANDER S. The Acquisition Technology and Small Firms by Large Firms [J]. Journal of Economic Behavior & Organization, 1990, 3(13): 367–386.

[44] Granstrand O. Towards a Theory of the Technology–Based Firm[J]. Research Policy, 1998, 27(5): 465–489.

[45] Gregory A. An Examination of the Long Run Performance of UK Acquiring Firms[J]. Journal of Business Finance and Accounting, 1997, 24(7–8): 971–1002.

[46] HAGEDOORN J, CLOODT M. Measuring innovative performance: is there an advantage in using multiple indicators ? [J]. Research Policy, 2003, 32(8): 1365–1379.

[47] FRANKORTH. When does knowledge acquisition in R&D alliances increase new product development ? The Moderating Roles of Technological Relatedness and Product–market Completion[J]. Research Policy, 2016, 45(1): 291–302.

[48] HE JIE., TIAN XUAN.. The dark side of analyst coverage: the case of innovation [J]. Journal of Financial Economics, 2013, 109(3): 856–878.

[49] Higgins M J, Rodriguez D. The Outsourcing of R&D Through Acquisitions in the Pharmaceutical Industry[J]. Journal of Financial Economics, 2006, 80(2): 351–383.

[50] Hsu Pei hui, Hu Xuesong. Advisory Board and Earnings Persistence [J]. Journal of Accounting, Auditing& Finance, 2015, 31(1): 134–157.

[51] Hui K W, Nelson K K, Yeung P E. on the persistence and pricing of industry-wide and firm-specific earnings, cash flows, and accruals[J]. Journal of Accounting and Economics, 2016, 61(1) : 185–202.

[52] CUI Huijie, Leung S Chi-Moon. The long-run performance of acquiring firms in mergers and acquisitions: does managerial ability matter ? [J]. Journal of Contemporary Accounting and Economics, 2020, 16 (1)

[53] Jefferson G H, Bai H. M, Guan X J., et al. R&D Performance in Chinese industry[J]. Economics of Innovation and New Technology, 2006, 15(4–5): 345–366.

[54] Jensen M C, Meckling W H. Theory of the Firm: Managerial Behavior, Agency Costs, and Ownership Structure[J]. Journal of Financial Economics, 1976, 3(4): 305–360.

[55] WANG Jing. Voluntary disclosure volume: Evidence from acquiring firm's press releases during M&A[J]. Corporate Accounting &Finance, 2021, 32(3): 124–138

[56] ZHOU J, JIANG Y, Tam O K, et al. Success in completing cross-border acquisitions by emerging market firms: What Matters? [J]. The World Economy, 2021, 44(7): 2128–2163.

[57] JIRAPORN P, CHINTRAKARN P, KIM Y. Analyst following, staggered boards, and managerial entrenchment [J]. Journal of Banking and Finance, 2012, 36(11): 3091–3100.

[58] WALSH J N. Developing new categories of knowledge acquisition, translation and dissemination by technological gatekeepers[J]. International Journal of Information management, 2015, 35(5): 594–605.

[59] CHUNG A, PARR S. Effects of Firm Uncertainty on Association R&D Expenditure and Firm Performance: Evidence from Korea[J]. Journal of Applied Business Research, 2016, 32(6): 1809–1830.

[60] MERKLEY K J. Narrative Disclosure and Earnings Performance: Evidence from R&D Disclosure[J]. The Accounting Review, 2014, 89(2): 725–757.

[61] MCCARTHYKJ, AALBERS H L. Technological Acquisitions: The Impact of Geography on Post-Acquisition Innovative Performance [J]. Research Policy, 2016, 9(45): 1818–1832.

[62] KAVUSANK, NOOROERHAVEN N G, DUYSTERS G M. Knowledge acquisition and complementary specialization in alliances: the impact of technological overlap and alliance experience [J]. Research Policy, 2016, 45(10): 2153–2165.

[63] LIPE K R. Earnings Innovations, Earnings Persistence, and Stock Returns[J]. Journal of Business , 1987, 60(3): 323–345.

[64] Laura C F, Anahit M. The effect of director experience on acquisition performance [J]. Journal of Financial Economics, 2017, 123(3): 488–511.

[65] COHENL, DIETHER K, MALLOYC. Misvaluing Innovation [J]. Review of Financial Studies, 2013, 26(3): 635–666.

[66] LAWRENCE A, RYANS J, SUN E, et al. Earning Announcement Promotions: A Yahoo Finance Field Experiment [J]. Journal of Accounting and Economics, 2018, 66(2–3): 399–414.

[67] LERNER J, SORENSEN M, STRAMBERG P. Private Equity and Long–run Investment: The Case of Innovation[J]. Journal of Finance, 2011, 66(2): 445–477.

[68] LEV B. Disscusion of On the Usefulness of Earnings and Earnings Research: Lessons and Directions from Two Decades of Empirical Research[J]. Journal of Accounting Research, 1989, 27(S): 153–192.

[69] LEWIN A Y, MASSINI S, Peeters C. Microfoundations of internal and external absorptive capacity routines[J]. Organization Science. 2011, 22(1): 81–89.

[70] LIPE R. The Relation between Stock Returns and Accounting Earnings Given Alternative Information [J]. Accounting Review, 1990, 65(1): 49–71.

[71] LOUGHRAN T, VIJH A M. Do Long–term Shareholders Benefit from Corporate Acquisitions？ [J]. The Journal of Finance, 1997, 52(5): 1765–1790.

[72] CHAN LOUIS, LAKONISHOK JOSEF, SOUGIANNIS THEODORE. The Stock Market Valuation of Research and Development Expenditures[J]. The Journal of Finance, 2001, 56(6): 2431–2456.

[73] Simoni L, Schaper S, Nielsen C. Business Model Disclosures, Market Values, and Earnings Persistence: Evidence From the UK[J]. Abacus, 2021.

[74] CHENG L, LYU Y, SU J, et al. Inbound openness and its impact on innovation performance: an agent–based and simulation approach [J]. The Journal of Finance, 2020, 50(2): 212–226.

[75] ALEKSANYANM, HAO Z, VAGEN–NAS–NANOS E, et al. Do State Visits Affect Cross–border Mergers and Acquisitions？ [J]. Journal of Corporate Finace, 2021.

[76] MARIANNA, MAKRI, MICHAEL, et al. Complementary Technologies, Knowledge

Relatedness, and invention outcomes in high technology mergers and acquisitions[J]. Strategic Management Journal, 2010, 31(6): 602–628.

[77] COLOMBO M G, BABBIOSI L. Technological similarity, post–acquisition R&D reorganization, and innovation performance in horizontal acquisitions[J]. Research Policy, 2014, 43(6): 1039–1054.

[78] FRANKE M, LOFFLERG. A Long–Run Performance Perspective on the Technology Bubble[J]. The Financial Review, 2018, 53(2): 379–412.

[79] MCNICHOLS M F, S. STUBBEN. Does Earnings Management Affect Firms'Investment Decisions ? [J]. The Accounting Review, 2008, 83(6): 1571–1603.

[80] MCA, DNA, AT A, et al. Triggering technological innovation through cross–border mergers and acquisitions: A Micro–foundational perspective[J]. Technological Forecasting and Social Change, 2019, 146(9): 148–166.

[81] MERTON, H, MILLER, et al. Dividend Policy under Asymmetric Information[J]. Journal of Finance, 1985, 40(4): 1031–1051.

[82] YANG M AI Q. The post–acquisition performance of cross–border mergers and acquisitions conducted by Chinese firms in the high–tech industries: Profitable or Innovative ? [J]. International Business Review, 2021, 63(3): 355–367.

[83] OHLSON, JA.Earnings, Book Value, and Dividends in Equity Valuation[J]. Contemporary Accounting Research, 1995, 11(2): 661–687.

[84] PANDIT S, WASLEY C E, ZACH T. The Effect of R&D Input and Output on the Relation between the Uncertainty of Future Operating Performance and R&D Expenditures[J]. Social Science Electronic Publishing, 2009, 26(1): 121–144.

[85] C, K, PRAHALAD, et al. Strategy as a Field of Study: Why Search for a New Paradigm ? [J]. Strategic Management Journal, 1994, 15(S2): 5–16.

[86] PHILLIPS G M, ALEXEI Z. R&D and the Incentives from Merger and Acquisition Activity [J]. Review of Financial Studies, 2013, 26(1): 34–78.

[87] MICHAEL. The Competitive Advantage of Nations [J]. Harvard Business Review: 2008, 86(1): 78–93.

[88] PURANAM P, SINGH H, ZOLLO M. A bird in the hand or two in the bush ? Integration trade–offs in technology–grafting acquisitions[J]. European Management Journal, 2003, 21(2): 179–184.

[89] CHEN Qinyuan, MA Lijun, YIN Zhihong. Analyst Coverage and Corporate's Innovation Performance: The Logic of China [J]. Nankai business review, 2017, 20(3): 15–27.

[90] RICHARDSON SLOAN S A, R. G, SOLIMAN M T, et al, Accrual Reliability, Earnings Persistence and Stock Prices[J]. Journal of Accounting and Economics, 2005, 39(3), 437–485.

[91] REYES T. Limited Attention and M&A Announcements[J]. Journal of Empirical Finance, 2018, 49(10): 201–222.

[92] RYu, DOOWON, DOOJIN, et al. Corporate governance, product–market competition, and stock returns: evidence from the korean market[J]. Asian Business &Management, 2017, 16(1): 50–91.

[93] SlOAN R. Do Stock Prices Fully Reflect Information in Accruals and Cash Flows About Future Earnings？[J]. The Accounting Review, 1996, 71(3): 289–315.

[94] B SCHÖN, PYKA A. Mergers&Aacquisitions Their Impact on the Innovativeness of Single Firms and Entire Industries [C]// Thematic Meeting of the French Economic Association, 2009.

[95] SCHUMPETER JA. The Theory of Economic Development. An Inquiry Into Profits, Capital, Credit, Interest, and the Business Cycle [M].Cambridge: Harvard University Press, 1934.

[96] SEUNGHO C. Repeating a Familiar Pattern in a New Way: The Effect of Exploitation and Exploration on Knowledge Leverage Behaviors in Technology Acquisitions[J]. Strategic Management Journal, 2018, 39(2): 356–378.

[97] SEVILIR M, TIAN X. Acquiring Innovation[C]// AFA 2012 Chicago Meetings Paper, 2012.

[98] JAMES S D, SHAVER J M. Motivations for Voluntrary Public R&D Disclosures[J]. Academy of Management Discoveries, 2016, 2(3): 290–312.

[99] COLLINSON, LIU Y. Recombination for innovation: performance outcomes from international partnerships in China[J]. R&D Management, 2019, 49(1): 46–63.

[100] BOH W F, HUANG C, WU A. Investor Experience and Innovation Performance: The Mediating Role of External Cooperation[J]. Strategic Management Journal, 2019, 41(1): 124–151.

[101]Wu W, LIANG Z, ZHANG Q. Effects of corporate environmental responsibility strength and concern on innovation performance: the moderating role of firm visibility[J]. Corporate Social Responsibility and Environmental Management, 2020, 27(3): 1487–1497.

[102]CIA W, PAN Z, WANG Y. Uncertainty and the predictability of stock returns [J]. Journal of Forecasting, 2021.

[103]WILLIAMSON O E. Markets and Hierarchies: Analysis and Antitrust Implications[J]. The Economic Journal, 1976, 86(3): 619–621.

[104]JIN YAN. DuPont Analysis, Earnings Persistence, and Return on Equity: Evidence from Mandatory IFRS Adoption in Canada [J]. Accounting Perspectives, 2017, 16(3): 205–235.

[105]Zahra S A, George G. Absorptive Capacity: A Review, Reconceptualization, and Extension. The Academy of Management Review [J]. Finance Research Letters, 2002, 27(2): 185–203.

[106]蔡宁 . 文化差异会影响并购绩效吗——基于方言视角的研究[J]. 会计研究 , 2019(7): 43–50.

[107]陈玉罡 , 蔡海彬 , 刘子健 , 等 . 外资并购促进了科技创新吗？[J]. 会计研究 , 2015(9): 68–73.

[108]程书强 . 机构投资者持股与上市公司会计盈余信息关系实证研究[J]. 管理世界 , 2006(9): 129–136.

[109]陈通 , 王辉 . 高技术企业并购的知识资本协同风险研究[J]. 科技进步与对策 , 2008(7): 176–178.

[110]陈仕华 , 姜广省 , 卢昌崇 . 董事联结、目标公司选择与并购绩效——基于并购双方之间信息不对称的研究视角[J]. 管理世界 , 2013(12): 117–132, 187–188.

[111]陈珧 . 技术获取型海外并购整合与技术创新——基于中国企业和韩国企业的对比研究[J]. 世界经济研究 , 2016(8): 114–125, 137.

[112]陈钦源 , 马黎珺 , 伊志宏 . 分析师跟踪与企业创新绩效——中国的逻辑[J]. 南开管理评论 , 2017, 20(3): 15–27.

[113]陈菲琼 , 陈珧 , 李飞 . 技术获取型海外并购中的资源相似性、互补性与创新表现：整合程度及目标方自主性的中介作用[J]. 国际贸易问题 , 2015(7): 137–147.

[114]陈赟 , 沈艳 , 王靖一 . 重大突发公共卫生事件下的金融市场反应[J]. 金融研究 , 2020(6): 20–39.

[115]程新生,郑海埃,程昱.创新信息披露、分析师跟踪与市场反应研究[J].科研管理, 2020, 41(1): 161-173.

[116]邓培林.基于企业技术的并购研究[D].成都:西南交通大学, 2006.

[117]窦欢,陆正飞.大股东代理问题与上市公司的盈余持续性[J].会计研究, 2017(5): 32-39, 96.

[118]方红星,张志平.内部控制对盈余持续性的影响及其市场反应——来自A股非金融类上市公司的经验证据[J].管理评论, 2013, 25(12): 77-86.

[119]冯根福,吴林江.中国上市公司并购绩效的实证研究[J].经济研究, 2001(1): 54-61, 68.

[120]冯根福,温军.中国上市公司治理与企业技术创新关系的实证分析[J].中国工业经济, 2008(7): 91-101.

[121]傅祥斐,郑雷,赵立彬.投资者网络搜索、监管问询与并购公告市场反应[J].财经论丛, 2020(6): 63-73.

[122]傅祥斐,崔永梅,李昊洋,等.机构投资者调研、信息披露质量与并购公告市场反应[J].软科学, 2019, 33(8): 1-6, 13.

[123]高燕燕,黄国良,李强,等.国企多元化并购异象的根源与市场反应——基于制度基础观的研究[J].系统工程, 2018, 36(1): 81-90.

[124]高扬.私募机构持股在企业并购中的信号传递效应研究[J].财经问题研究, 2020(5): 56-65.

[125]格佛海,孙忠娟,凌学忠.技术并购与经济绩效——来自中国企业的证据[J].科学学与科学技术管理, 2013, 34(11): 116-125.

[126]管悦,冯忠磊.财务信息披露、市场反应与股票估值——来自A股市场的经验证据[J].投资研究, 2020, 39(3): 85-97.

[127]宫义飞,郭兰.分析师跟踪、所有权性质与融资约束——基于不同产权主体的研究[J].经济管理, 2012, 34(1): 129-137.

[128]宫义飞,谢元芳.内部控制缺陷及整改对盈余持续性的影响研究——来自A股上市公司的经验证据[J].会计研究, 2018(5): 75-82.

[129]顾露露,张凯歌.集权式股权结构会影响信息技术企业创新吗——非执行董事的中介效应[J].科技进步与对策, 2021, 38(2): 75-84.

[130]顾露露,蔡良,雷悦.家族治理、所有权变更与企业创新——基于中国家族企业的实证研究[J].管理科学, 2017, 30(2): 39-53.

[131]顾露露，Robert Reed. 中国企业海外并购失败了吗？[J]. 经济研究，2011, 46(7): 116–129.

[132]韩宝山. 技术并购与创新：文献综述及研究展望[J]. 经济管理，2017, 39(9): 195–208.

[133]韩贺洋，周全. 科技企业并购方式、创新路径与并购后整合研究[J]. 科学管理研究，2018, 36(1): 65–68.

[134]韩俊华，王宏昌，刘博. 技术并购、整合与创新研究[J]. 科学管理研究，2018, 36(1): 57–60.

[135]韩鹏，岳园园. 企业创新行为信息披露的经济后果研究——来自创业板的经验证据[J]. 会计研究，2016, 37(1): 49–55.

[136]韩忠雪，崔建伟，王闪. 技术高管提高了企业技术效率吗？[J]. 科学学研究，2014, 32(4): 559–568.

[137]何春丽. 全过程视角下的企业技术并购与整合控制研究[J]. 科学管理研究，2018, 36(5): 82–85.

[138]何健生，陈海声. 投资者法律保护、产权性质与技术并购绩效[J]. 财会月刊，2012, (33): 29–32.

[139]何任. 并购对收购公司长期股东价值影响的实证研究[D]. 哈尔滨：哈尔滨工业大学，2014.

[140]黄灿，俞勇，郑鸿. 经济政策不确定性与企业并购：中国的逻辑[J]. 财贸经济，2020, 41(8): 95–109.

[141]胡雪峰，吴晓明. 并购、吸收能力与企业创新绩效——基于我国医药上市公司数据的实证分析[J]. 江苏社会科学，2015(2): 25–32.

[142]胡楠，邱芳娟，梁鹏. 竞争战略与盈余质量——基于文本分析的实证研究[J]. 当代财经，2020(9): 138–148.

[143]贺宏. 国外盈余持续性研究进展：述评与启示[J]. 学术界，2017(9): 232–238.

[144]姜付秀，刘志彪，陆正飞. 多元化经营、企业价值与收益波动研究——以中国上市公司为例的实证研究[J]. 财经问题研究，2006(11): 27–35.

[145]姜英兵，于雅萍. 谁是更直接的创新者？——核心员工股权激励与企业创新[J]. 经济管理，2017, 39(3): 109–127.

[146]鞠晓生，卢荻，虞义华. 融资约束、营运资本管理与企业创新可持续性[J]. 经济研究，2013, 48(1): 4–16.

[147]李明辉，吴小伟，周斌泉.公司并购支付方式与股票市场反应——来自中国上市公司的证据[J].华东师范大学学报（哲学社会科学版），2018, 50(5): 152-161, 177.

[148]李柏洲，李新.企业技术获取模式、技术进步与创新产出——基于技术进步中介效应检验及区域差异对比分析[J].科学学与科学技术管理，2014, 35(11): 161-171.

[149]李春涛，宋敏.中国制造业企业的创新活动：所有制和CEO激励的作用[J].经济研究，2010, 45(5): 55-67.

[150]李春涛，宋敏，张璇.分析师跟踪与企业盈余管理——来自中国上市公司的证据[J].金融研究，2014(7): 124-139.

[151]李飞.基于创新网络的制造业技术获取型海外并购整合与产业技术创新研究[D].杭州：浙江大学，2017.

[152]李刚，夏冬林.盈余持续性、盈余信息含量和投资组合回报[J].中国会计评论，2007(2): 207-218.

[153]李沐纯.并购对企业技术创新的影响[D].广州：华南理工大学，2010.

[154]李培馨，谢伟.影响技术并购效果的关键因素[J].科学学与科学技术管理，2011, 32(5): 5-10.

[155]李善民，朱滔.中国上市公司并购的长期绩效——基于证券市场的研究[J].中山大学学报（社会科学版），2005(5): 80-86, 127.

[156]李善民，陈玉罡.上市公司兼并与收购的财富效应[J].经济研究，2002(11): 27-35, 93.

[157]李善民，朱滔，陈玉罡，等.收购公司与目标公司配对组合绩效的实证分析[J].经济研究，2004(6): 96-104.

[158]李姝，梁郁欣，田马飞.内部控制质量、产权性质与盈余持续性[J].审计与经济研究，2017, 32(1): 23-37.

[159]李文贵，余明桂.民营化企业的股权结构与企业创新[J].管理世界，2015(4): 112-125.

[160]李亚杰，李沛浓.研发投资、技术并购对装备制造企业持续竞争力的影响[J].辽宁大学学报（哲学社会科学版），2019, 47(6): 76-85.

[161]李卓，宋玉.股利政策、盈余持续性与信号显示[J].南开管理评论，2007(1): 70-80.

[162]廖理，曾亚敏，张俊生.外资并购的信号传递效应分析——加剧竞争压力抑或提高并购概率[J].金融研究，2009(2): 29-39.

[163]廖珂，谢德仁，张新一.控股股东股权质押与上市公司并购——基于市值管理的视角[J].会计研究，2020(10): 97–111.

[164]雷倩华.盈余持续性研究述评[J].金融评论，2015, (5): 116–121.

[165]雷倩华，钟亚衡，张乔.公司治理、市场竞争与盈余持续性[J].华东经济管理，2020, 34(11): 116–128.

[166]雷倩华，涂虹羽.社会资本与盈余持续性——来自中国上市公司的经验证据[J].金融评论，2016, 8(2): 26–38, 124.

[167]刘柏，王馨竹.企业研发投资对超额收益的影响研究[J].科研管理，2019, 40(5): 101–109.

[168]刘开勇.企业技术并购战略与管理[M].北京：中国金融出版社，2004.

[169]刘凤朝，默佳鑫，马荣康.高管团队海外背景对企业创新绩效的影响研究[J].管理评论，2017, 29(7): 135–147.

[170]刘华，杨汉明.风险承担与创新绩效——基于股权激励调节作用的考察[J].现代财经（天津财经大学学报），2018, 38(1): 98–113.

[171]刘辉，温军，丰若旸.收购兼并、异质企业与技术创新[J].当代经济科学，2017, 39(2): 72–85, 126–127.

[172]刘文达，权小锋.盈余持续性、审计师类型对盈余持续性的影响及资本市场反应[J].税务与经济，2011(4): 62–68.

[173]刘星，陈西婵.证监会处罚、分析师跟踪与公司银行债务融资——来自信息披露违规的经验证据[J].会计研究，2018(1): 60–67.

[174]吕超.并购类型、并购商誉与市场反应[J].财会通讯，2018(15): 103–108.

[175]鲁桐，党印.公司治理与技术创新：分行业比较[J].经济研究，2014, 49(6): 115–128.

[176]卢闯，刘俊勇，孙健.控股股东掏空动机与多元化的盈余波动效应[J].南开管理评论，2012 (5): 68–73.

[177]陆宇建，蒋玥.制度变革、盈余持续性与市场定价行为研究[J].会计研究，2012, (1): 58–67, 97.

[178]牛晓晨，邢源源，孟凡臣.跨国技术并购因素组态与创新绩效因果关系研究——基于模糊集定性比较分析[J].中国软科学，2020(8): 20–35.

[179]潘红波，余明桂.支持之手、掠夺之手与异地并购[J].经济研究，2011, 46(9): 108–120.

[180]潘红波,夏新平,余明桂.政府干预、政治关联与地方国有企业并购[J].经济研究,2008(4): 41-52.

[181]彭爱武,张新民.企业资源配置战略与盈余持续性[J].北京工商大学学报(社会科学版),2020, 35(3): 74-85.

[182]彭红星,毛新述.政府创新补贴、公司高管背景与研发投入——来自我国高科技行业的经验证据[J].财贸经济,2017, 38(3): 147-161.

[183]彭韶兵,黄益建,赵根.信息可靠性、企业成长性与会计盈余持续性[J].会计研究,2008(3): 43-50, 96.

[184]屈晶.企业技术并购与创新绩效的关系研究——基于战略匹配与技术差距的调节作用分析[J].科学管理研究,2019(2): 122-126.

[185]乔璐,赵广庆,吴剑峰.距离产生美感还是隔阂?国家间距离与跨国并购绩效的元分析[J].外国经济与管理,2020, 42(12): 119-133.

[186]任海云.股权结构与企业 R&D 投入关系的实证研究——基于 A 股制造业上市公司的数据分析[J].中国软科学,2010(5): 126-135.

[187]宋建波,高升好,关馨姣.机构投资者持股能提高上市公司盈余持续性吗?——基于中国 A 股上市公司的经验证据[J].中国软科学,2012(2): 128-138.

[188]宋飞,潘禹辰.公司业绩预告与年度报告的市场反应差异研究[J].新疆财经大学学报,2020(1): 36-46.

[189]孙谦.盈余持续性研究综述及启示[J].厦门大学学报(哲学社会科学版),2010(1): 30-37.

[190]孙忠娟,谢伟.中国企业技术并购的经营业绩研究[J].科学学研究,2012, 30(12): 1824-1829, 1835.

[191]张俊瑞,孟祥展,白雪莲.多元化经营与盈余持续性的关系研究[J].西安交通大学学报(社会科学版),2016, 36(6): 25-33.

[192]唐建新,陈冬.地区投资者保护、企业性质与异地并购的协同效应[J].管理世界,2010(8): 102-116.

[193]唐清泉,巫岑.基于协同效应的企业内外部 R&D 与创新绩效研究[J].管理科学,2014, 27(5): 12-23.

[194]唐清泉,巫岑.银行业结构与企业创新活动的融资约束[J].金融研究,2015(7): 116-134.

[195]唐晓华，高鹏．中国先进制造业海外技术并购的创新效应分析[J]．辽宁大学学报（哲学社会科学版），2019, 47(3): 42-54, 2.

[196]滕梓源，胡勇．跨国并购促进技术创新的绩效、影响因素及策略[J]．国际贸易，2019(2): 11-17.

[197]佟岩，林宇彤，李鑫．经济政策不确定性与长期并购绩效[J]．北京理工大学学报（社会科学版），2021, 23(1): 53-66.

[198]王宛秋，邢悦．融资约束一定制约技术并购后的研发投入吗？[J]．科学学研究，2017, 35(6): 886-895.

[199]王宛秋，张永安，刘煜．我国上市公司技术并购绩效的实证研究[J]．科学学研究，2009, 27(11): 1712-1719, 1728.

[200]王宛秋，马红君．技术并购主体特征、研发投入与并购创新绩效[J]．科学学研究，2016, 34(8): 1203-1210.

[201]王宛秋，马红君．技术邻近性、研发投入与技术并购创新绩效——基于企业生命周期的视角[J]．管理评论，2020, 32(6): 104-113.

[202]王宛秋，张潇天．谁更易在跨界技术并购中获益？[J]．科学学研究，2019, 37(5): 898-908.

[203]王维，李宏扬．新一代信息技术企业技术资源、研发投入与并购创新绩效[J]．管理学报，2019, 16(3): 389-396.

[204]王新红，张转军．并购对创新投入的影响及持续性研究——并购类型与主并企业特征视角[J]．科技进步与对策，2019, 36(16): 91-99.

[205]王艳，李善民．社会信任是否会提升企业并购绩效？[J]．管理世界，2017(12): 125-140.

[206]王艳，阚铄．企业文化与并购绩效[J]．管理世界，2014(11): 146-157, 163.

[207]王燕妮．高管激励对研发投入的影响研究——基于我国制造业上市公司的实证检验[J]．科学学研究，2011, 29(7): 1071-1078.

[208]王永妍，肖玥，佟岩．上市公司设立并购基金的信号效应研究[J]．科学决策，2018(2): 40-57.

[209]王志台．上海股市盈余持续性的实证研究[J]，财经研究，2000, (5): 43-48.

[210]王中超，周绍妮，王言．产业政策会影响国有企业混合所有制改革吗？[J]．财经研究，2020, 46(6): 110-124.

[211]汪健，曲晓辉．关联交易、外部监督与盈余持续性——基于 A 股上市公司的经验证据[J]．证券市场导报，2015(9): 49–55.

[212]魏成龙，张洁梅．企业并购后知识整合传导机理的实证研究[J]．中国工业经济，2009 (5): 119–128.

[213]温成玉，刘志新．技术并购对高技术上市公司创新绩效的影响[J]．科研管理，2011, 32(5): 1–7, 28.

[214]温军，冯根福．异质机构、企业性质与自主创新[J]．经济研究，2012, 47(3): 53–64.

[215]温忠麟，张雷，侯杰泰．有中介的调节变量和有调节的中介变量[J]．心理学报，2006, 38(3): 448–452.

[216]温忠麟，叶宝娟．有调节的中介模型检验方法：竞争还是替补？[J]．心理学报，2014, 46(5): 714–726.

[217]卫旭华，刘咏梅，岳柳青．高管团队权力不平等对企业创新强度的影响——有调节的中介效应[J]．南开管理评论，2015, 18(3): 24–33.

[218]吴洁，刘沙沙，盛永祥，等．不同技术并购模式下知识基础和知识整合对企业创新绩效的影响[J]．中国科技论坛，2020(6): 94–102.

[219]吴延兵．企业规模、市场力量与创新：一个文献综述[J]．经济研究，2007(5): 125–138.

[220]肖丁丁，王保隆，田文华．海外技术并购对双元能力成长模式的影响研究[J]．科学学研究，2020, 38(11): 2048–2057.

[221]肖华，张国清．内部控制质量、盈余持续性与公司价值[J]．会计研究，2013(5): 73–80, 96.

[222]肖利平．公司治理如何影响企业研发投入？——来自中国战略性新兴产业的经验考察[J]．产业经济研究，2016(1): 60–70.

[223]解维敏，方红星．金融发展、融资约束与企业研发投入[J]．金融研究，2011(5): 171–183.

[224]解维敏，唐清泉，陆姗姗．政府 R&D 资助，企业 R&D 支出与自主创新——来自中国上市公司的经验证据[J]．金融研究，2009(6): 86–99.

[225]解学梅，左蕾蕾．企业协同创新网络特征与创新绩效：基于知识吸收能力的中介效应研究[J]．南开管理评论，2013, 16(3): 47–56.

[226]谢震，熊金武．分析师关注与盈余管理：对中国上市公司的分析[J]．财贸研究，2014, 25(2): 139–149.

[227]徐高彦，王晶．多元化程度与盈余持续性：机会抑或威胁？[J]．审计与经济研究，2020, 35(4): 105–115.

[228]徐莉萍，关月琴，辛宇．控股股东股权质押与并购业绩承诺——基于市值管理视角的经验证据[J]．中国工业经济，2021(1): 136–154.

[229]徐浩峰，朱松，余佩琨．企业竞争力、盈余持续性与不对称性[J]．审计与经济研究，2011, 26(5): 77–85.

[230]徐宁．高科技公司高管股权激励对 R&D 投入的促进效应——一个非线性视角的实证研究[J]．科学学与科学技术管理，2013, 34(2): 12–19.

[231]徐宁，徐向艺．控制权激励双重性与技术创新动态能力——基于高科技上市公司面板数据的实证分析[J]．中国工业经济，2012(10): 109–121.

[232]徐欣，唐清泉．财务分析师跟踪与企业 R&D 活动——来自中国证券市场的研究[J]．金融研究，2010(12): 173–189.

[233]胥朝阳，刘睿智，唐寅．技术并购的创值效应及影响因素分析[J]．南方经济，2013(3): 48–61.

[234]胥朝阳，黄晶．基于技术能力驱动的企业并购绩效实证研究[J]．科研管理，2010, 31(6): 19–27+48.

[235]胥朝阳，黄晶，颜金秋，等．上市公司技术并购绩效研究[J]．中大管理研究，2009, 4(4): 18–34.

[236]谢伟，孙忠娟，李培馨．影响技术并购绩效的关键因素研究[J]．科学学研究，2011, 29(2): 245–251.

[237]严焰，池仁勇．技术相似性与并购后创新绩效关系的再探讨——基于企业技术吸收能力的调节作用[J]．科研管理，2020, 41(9): 33–41.

[238]姚益龙，刘巨松，刘冬妍．要素市场发展差异、产权性质与异地并购绩效[J]．南开管理评论，2014, 17(5): 102–111.

[239]杨超，谢志华，宋迪．业绩承诺协议设置、私募股权与上市公司并购绩效[J]．南开管理评论，2018, 21(6): 198–209.

[240]杨建君，王婷，刘林波．股权集中度与企业自主创新行为：基于行为动机视角[J]．管理科学，2015, 28(2): 1–11.

[241]杨军敏，曹志广．并购对中国上市公司研发绩效的影响研究——以医药行业为例[J]．商业经济与管理，2012(4): 26–31.

[242]杨棉之，李鸿浩，刘骁．盈余持续性、公司治理与股价崩盘风险——来自中国证

券市场的经验证据[J]. 现代财经 (天津财经大学学报), 2017, 37(1): 27–39.

[243] 杨鸣京 . 高铁开通对企业创新的影响研究[D]. 北京 : 北京交通大学 , 2019.

[244] 杨鸣京 , 程小可 , 李昊洋 . 机构投资者调研、公司特征与企业创新绩效[J]. 当代财经 , 2018(2): 84–93.

[245] 杨林 , 俞安平 . 企业家认知对企业战略变革前瞻性的影响 : 知识创造过程的中介效应[J]. 南开管理评论 , 2016, 19(1): 120–133.

[246] 杨青 , 周绍妮 . 技术并购能够带来技术创新效应吗？——收购公司成长潜力的视角[J]. 科技进步与对策 , 2019(24): 100–108.

[247] 杨青 , 周绍妮 . 技术并购、技术创新绩效与盈余持续性[J]. 经济经纬 , 2021(6): 113–121.

[248] 杨兴全 , 吴昊旻 , 曾义 . 公司治理与现金持有竞争效应——基于资本投资中介效应的实证研究[J]. 中国工业经济 , 2015(1): 121–133.

[249] 尹美群 , 盛磊 , 李文博 . 高管激励、创新投入与公司绩效——基于内生性视角的分行业实证研究[J]. 南开管理评论 , 2018, 21(1): 109–117.

[250] 易靖韬 , 张修平 , 王化成 . 企业异质性、高管过度自信与企业创新绩效[J]. 南开管理评论 , 2015, 18(6): 101–112.

[251] 易玄 , 吴蓉 , 谢志明 . 产权性质、企业精准扶贫行为与资本市场反应[J]. 贵州财经大学学报 , 2020(2): 98–104.

[252] 于成永 , 施建军 . 技术并购、创新与企业绩效 : 机制和路径[J]. 经济问题探索 , 2012(6): 103–109.

[253] 余明桂 , 钟慧洁 , 范蕊 . 分析师关注与企业创新——来自中国资本市场的经验证据[J]. 经济管理 , 2017, 39(3): 175–192.

[254] 翟进步 , 贾宁 , 李丹 . 中国上市公司收购兼并的市场预期绩效实现了吗？ [J]. 金融研究 , 2010(5): 133–151.

[255] 翟胜宝 , 张雯 , 曹源 , 等 . 分析师跟踪与审计意见购买[J]. 会计研究 , 2016(6): 86–93, 95.

[256] 张峰 , 杨建君 . 股东积极主义视角下大股东参与行为对企业创新绩效的影响——风险承担的中介作用[J]. 南开管理评论 , 2016, 19(4): 4–12.

[257] 张国清 , 赵景文 . 资产负债项目可靠性、盈余持续性及其市场反应[J]. 会计研究 , 2008(3): 51–57, 96.

[258] 张娟 , 黄志忠 . 高管报酬、机会主义盈余管理和审计费用——基于盈余管理异质

性的视角[J]. 南开管理评论 , 2014, 17(3): 74–83, 93.

[259]张娟，黄志忠 . 公司盈余、研发文本信息披露与市场反应——基于我国创业板上市公司的实证分析[J]. 山西财经大学学报 , 2020, 42(6): 112–126.

[260]张双鹏，周建 . 投资者如何将多重信息转化为确定的判断?——代表性信号与并购市场反应构型研究[J]. 经济管理 , 2019, 41(9): 75–91.

[261]张璇，刘贝贝，汪婷，等 . 信贷寻租、融资约束与企业创新[J]. 经济研究 , 2017, 52(5): 161–174.

[262]张学勇，柳依依，罗丹，陈锐 . 创新能力对上市公司并购业绩的影响[J]. 金融研究 , 2017(3): 159–175.

[263]张新 . 并购重组是否创造价值?——中国证券市场的理论与实证研究 [J]. 经济研究 , 2003(6): 20–29, 93.

[264]张新民，卿琛，杨道广 . 商誉减值披露、内部控制与市场反应——来自我国上市公司的经验证据[J]. 会计研究 , 2020(5): 3–16.

[265]张永冀，何宇，张能鲲，等 . 中国医药上市公司技术并购与绩效研究 [J]. 管理评论 , 2020, 32(8): 131–142.

[266]张峥，聂思 . 中国制造业上市公司并购创新绩效研究[J]. 科研管理 , 2016, 37(4): 36–43.

[267]赵剑波，吕铁 . 中国企业如何从"逆向并购"到"逆向吸收"?——以工程机械制造业跨国并购为例[J]. 经济管理 , 2016, 38(7): 35–47.

[268]赵黎明，陈妍庆 . 创新存量、技术互补性与跨国并购技术创新绩效[J]. 科学学与科学技术管理 , 2019, 40(2): 68, 83.

[269]赵武阳，陈超 . 研发披露、管理层动机与市场认同 : 来自信息技术业上市公司的证据[J]. 南开管理评论 , 2011, 14(4): 100–107, 137.

[270]赵息，张西栓 . 内部控制、高管权力与并购绩效——来自中国证券市场的经验证据[J]. 南开管理评论 , 2013, 16(2): 75–81.

[271]郑骏川 . 技术并购企业研发支出对企业绩效的影响 [J]. 中南财经政法大学学报 , 2012(3): 92–98.

[272]郑刚，郭艳婷，罗光雄，等 . 新型技术追赶、动态能力与创新能力演化——中集罐箱案例研究[J]. 科研管理 , 2016, 37(3): 31–41.

[273]甄红线，张先治，迟国泰 . 制度环境、终极控制权对公司绩效的影响——基于代理成本的中介效应检验[J]. 金融研究 , 2015(12): 162–177.

[274] 曾江洪, 刘晓薇. 创新要素流动视角下企业技术并购的创新绩效研究[J]. 工业技术经济, 2021, 40(1): 104-112.

[275] 周兵, 黄芳, 任政亮. 企业竞争战略与盈余持续性[J]. 中国软科学, 2018(3): 141-152.

[276] 周黎安, 罗凯. 企业规模与创新: 来自中国省级水平的经验证据[J]. 经济学(季刊), 2005(2): 623-638.

[277] 周铭山, 林靖, 许年行. 分析师跟踪与股价同步性——基于过度反应视角的证据[J]. 管理科学学报, 2016, 19(6): 49-73.

[278] 周铭山, 张倩倩, 杨丹. 创业板上市公司创新投入与市场表现: 基于公司内外部的视角[J]. 经济研究, 2017, 52(11): 135-149.

[279] 周绍妮, 张秋生, 胡立新. 机构投资者持股能提升国企并购绩效吗? ——兼论中国机构投资者的异质性[J]. 会计研究, 2017(6): 67-74, 97.

[280] 周绍妮, 王中超, 操群. 高管权力、机构投资者与并购绩效[J]. 财经论丛, 2019(9): 73-81.

[281] 周绍妮, 王中超, 操群. 控制链长度与国企混合所有制[J]. 会计研究, 2020(5): 80-90.

[282] 周中胜, 贺超, 韩燕兰. 高管海外经历与企业并购绩效: 基于"海归"高管跨文化整合优势的视角[J]. 会计研究, 2020(8): 64-76.